戦争を始めるのは誰か

歴史修正主義の真実

渡辺惣樹

文春新書

1113

はじめに

一九四一年一二月七日早朝（ハワイ時間）、日本海軍連合艦隊はハワイ真珠湾を急襲した。翌八日月曜日の議会でフランクリン・デラノ・ルーズベルト大統領（ＦＤＲ）は対日宣戦布告を求める演説を行った。この演説は後に「恥辱の日演説」として知られることになった。ドイツは、アメリカの対日宣戦布告の三日後（一二月一一日）に対米宣戦布告した。こうして局地戦争であった極東とヨーロッパの戦争が世界戦争に拡大した。

当時アメリカ世論の八〇％以上が、ヨーロッパの局地戦にアメリカが参戦することを拒否していた。ヨーロッパの戦いではすでにイギリスが敗れる可能性はなくなっていた。イギリスは、バトルオブブリテン（一九四〇年七月―一〇月末）に勝利することで制空権を守り切った。ヒトラーは、イギリス本土攻撃を諦め、その矛先をソビエトに向けた。一九四一年六月二二日には、独ソ不可侵条約にも関わらず、ヒトラーはソビエトに侵入し独ソ戦が始まっていた。

アメリカには、アメリカ第一主義委員会を始めとした非干渉主義グループが組織され、世論の後押しを受けたヨーロッパ問題非干渉の主張を訴え続けていた。多くの知識人が、二人の悪魔（ヒトラーとスターリン）の壮絶な戦いを傍観すべきであり、そうすれば両者は必ず弱体化する。時機が来たら、アメリカが講和の仲介に入ればよいと考えていた。ハーバート・フーバー前大統領や、野党共和党の重鎮ハミルトン・フィッシュらがその代表的存在であった。一九四一年夏の世論調査では、アメリカの傍観で、ドイツがイギリスとロシア両国に勝利したとしてもそれで構わない、とする世論が六八％もあった(1)。

なぜ、アメリカ国民はこれほどまでにヨーロッパ問題への干渉を拒否したのか。これには二つの理由があった。一つは、第一次世界大戦にアメリカが介入したことを多くの国民が失敗だったと考えていたからである。第二は、現在進行形の一九三九年九月から始まったヨーロッパの局地戦におけるイギリスとフランスの対独宣戦布告の理由が皆目理解できなかったからである。

一九四〇年一一月には大統領選挙があった。FDRは大統領は二期八年までという不文律を破り、三選を目指した。ヨーロッパの戦いへの参戦反対の強い世論を前にして、FDRは非介入を公約にせざるを得なかった。国民は彼の言葉を信じた。前駐英大使（任期：一九三八年一月―四〇年一〇月）のジョセフ・ケネディ（ケネディ大統領の父、キャロライン・ケネディ駐日大使の祖父）は、大使時代にFDRの干渉主義的外交（紛争の仲介者の立場をとらず、ドイツを刺激し続ける外交）の裏の実態を知っていた。非介入主義者だったケネディはそれを苦々しく思っていたが、FDRの三選を支持した。FDRの公約を信じたからだった。ケネディ家はボストン出身である。FDRは投票日（一九四〇年一一月五日）の少し前、ボストンの演説（一〇月三〇日）で次のように訴えた。

「私はこれまでも述べてきたように、そしてこれから何度でも繰り返すが、あなた方の子供たちが外国の地での戦争に送りこまれることはけっしてない」

こうしてFDRは史上初の三選を果たしたのである。

これがFDR外交、ひいてはウィンストン・チャーチルの外交を批判する歴史修正主義を理解するための基礎知識である。

この知識があれば、戦後ほぼ世界中で語られ学校教育で教えられてきた歴史（観）に疑問が湧くはずである。アメリカはヨーロッパの戦いでも極東の戦いでも、その強力な潜在的軍事力を背景に仲介に入れる立場であった。ところがどちらの戦いにも共産主義者側に味方した。（中国では、アメリカは蔣介石の国民党を支援したが、現地の軍人はむしろ彼を嫌い中国共産党に肩入れしていた。また蔣介石のアドバイザーについたオーウェン・ラチモアらは共産主義者だった。）そして戦後多くの国が共産化し東西冷戦が始まった。冷戦は米ソ首脳によるマルタ会談（一九八九年）でようやく終焉を迎えたが、日独両国の敗戦から四四年が経っていた。

第二次世界大戦の勝利者はソビエト（スターリン）とその指導下にあった中国共産党（毛沢

束）ではなかったかと疑うことは自然である。そうなるとＦＤＲの対スターリン外交に疑いの目をむけることになる。歴史修正主義史観とは、単純化して表現すれば、ＦＤＲの外交は間違っていたのではないかと疑うことなのである。

このような視点で歴史を語ることに善悪の価値判断があるはずもない。ところが戦後のアメリカやその影響下にある日本などの国々で、ＦＤＲ外交を批判することがタブーになった。その理由について筆者はＦＤＲの外交が余りに愚かだったため、真実を語れなくなったからであると書いた（「なぜ戦後アメリカはルーズベルト批判を許さないのか」『アメリカの対日政策を読み解く』〈草思社〉所収）。

ソビエト（共産主義）の西進、東進の防波堤の役割を果たしていたナチスドイツと日本が破壊された結果が共産主義の拡散であった。その延長の中でアメリカは実質一国で若者を再び戦地に送る羽目になった（朝鮮戦争、ベトナム戦争）。

ヨーロッパ方面で英仏が対独宣戦布告したのはポーランドの独立を両国が保障していたからだった。日米の戦いは、アメリカが中国からの完全なる撤兵を日本に求めたからであった（ハルノート）。第二次世界大戦はポーランドと中国の独立を守るために始まり、そしてそのどちらの目的も達することが出来ず、両国は共産化した。

全く間違ったＦＤＲとチャーチルの外交を正当化するたった一つの方法が、ドイツと日本を極悪国として解釈することであった。戦前のドイツと日本を、自由を抑圧し世界覇権を求める全体主義の国つまり民主主義の敵として描くことで、FDRとチャーチルの外交と戦争指導の過ちを覆い隠したのである。

歴史修正主義は米英両国の外交に過ちはなかったのか、あったとすれば何が問題だったのか、それを真摯に探ろうとする歴史観に過ぎない。戦前のドイツや日本を格別「素晴らしい国」であったと主張する史観でもない。それにも関わらず、歴史修正主義で歴史を語る学者は、歴史学界から抹殺された。「歴史修正主義者」とレッテルを貼られると学界主流から排斥された。しかし時の経過とともに次第に歴史修正主義に立つ史観が優勢になっている。レッテル貼りの効果が急激に低下している。

FDRとチャーチルを弁護する歴史家の特徴は、二人に不都合な事件や二人の発した言葉を隠すことにある。彼らは、歴史修正主義に立つ歴史家からそうした事実が指摘されると「釈明(apology)」に終始する。ハーバート・フーバー元大統領はその書『裏切られた自由』(渡辺惣樹訳、草思社、近刊予定)のなかでそうした歴史家を「釈明史観主義者(アポロジスト)」として批難している。

「御用学者」であるとも揶揄されている彼らはFDR政権そしてそれに続いたハリー・トルーマン政権を担った容共的高官から徹底的な擁護を受け、歴史修正主義の学者の著した歴史書の出版を妨害した。著者個人の評判をも貶めた。一方で彼らは政府の非公開文書のアクセス便宜も受けていた。それが「御用学者」と呼ばれる所以である。

本書は歴史修正主義に立つ多くの研究書を基礎に、筆者自身の歴史解釈を述べたものである。「第二次世界大戦はＦＤＲやチャーチルがその外交を間違えなければ、極端に言えばこの二人の政治家がいなければ起こらなかった。あの戦いは不必要な戦争であった。戦争の必要性を事後的に無理やりに作り上げている（でっちあげている）のが現在の公式史観（釈明史観あるいは御用史観）である」と主張するものである。

本書には、一般の歴史書では無視されている（スルーされている）事件や人物が多く登場する。読者には、事件や重要人物をスルーして歴史を語ることがどれほど危険なことかに気づいていただけると思う。

なお、戦後における釈明史観主義の歴史家（御用学者）と歴史修正主義歴史家の論争の経緯については、『アメリカはいかにして日本を追い詰めたか——「米国陸軍戦略研究所レポート」から読み解く日米開戦』（ジェフリー・レコード、草思社、翻訳および解説は筆者）の解説部分で詳述したので参考にしていただきたい。

注

（1） Thomas Fleming, The New Dealers' War : F. D. R. and the War within World War II, Basic Books, 2001, p89.

戦争を始めるのは誰か——歴史修正主義の真実◎目次

はじめに　3

第一章　第一次世界大戦の真実　15

第二章　第一次世界大戦後の歴史解釈に勝利した歴史修正主義　75

第三章　ドイツ再建とアメリカ国際法務事務所の台頭　105

第六章　ヒトラーの攻勢とルーズベルト、チェンバレン、そしてチャーチル　197

第七章　ヒトラーのギャンブル　243

第一章　第一次世界大戦の真実

第一節　イギリスの大陸の戦いへの不純な干渉

第一次世界大戦のきっかけは、世界史を学んだものならだれでも知っているように、サラエボ（当時はオーストリア・ハンガリー帝国領土、現ボスニア・ヘルツェゴビナの首都）で発生したオーストリア皇太子フェルディナントの暗殺事件（一九一四年六月二八日）だとされている。暗殺の背景と経緯については拙著『日米衝突の萌芽1898―1918』（草思社）9章「第一次世界大戦」で詳述したのでここでは繰り返さないが、暗殺の舞台裏にはセルビアの秘密情報機関「黒い手（Black Hand）」がいた。「黒い手」の背後にはロシアがいた。[1]

オーストリア・ハンガリー帝国（以下墺とする）は、二つの民族（ドイツ系、マジャール系）の緩い結合国家であり二重帝国であった。求心力の弱いこの国の混乱を企てたのがセルビアであり、それをけしかけたのがロシアだった。ロシアはバルカン半島での覇権を狙っていた。この動きにフランスが加勢した。フランスには、一八七〇年―七一年の普仏戦争での惨めな敗北以来ドイツ憎しの感情が溢れていた。当時の墺はドイツのよきパートナーであった。フランスはロシアのインフラ整備（この典型がシベリア鉄道）への融資に積極的であっただけに常に親露であった。ロシアとフランスには、墺とセルビアの抗争から始まった紛争を利用してドイツを叩きたいという動機があった。

暗殺事件から外交交渉による解決の動きがあったがそれは実を結ばなかった。暗殺事件からおよそ一月が経った頃、関係各国の動きはにわかに忙しくなった。

一九一四年

七月二三日

墺がセルビアに最後通牒を発する。暗殺事件の調査要求。調査には墺の参加も要求。セルビアは、調査の実行は約束したが、墺の参加を拒否。この時点で墺はドイツの、セルビアはロシアの支援を取り付けていた。

イギリス外相エドワード・グレイによる仲介始まる。

七月二八日

墺、セルビアに宣戦布告。

七月二九日

墺、ベオグラード攻撃開始。

七月三〇日

ロシア、全軍に動員命令。

七月三一日

ドイツ、ロシアに対して動員解除を求める最後通牒を発する。

八月一日

ドイツ、ロシアに宣戦布告、フランスに対して中立を要求。フランスは拒絶。
八月三日
ドイツ、対仏宣戦布告。
八月四日
ドイツ、フランス攻撃のためにベルギー通過を求めたがベルギー拒否。ドイツ軍、ベルギーに侵攻。
ベルギーの中立保障条約を根拠にイギリス、対独宣戦布告。

この時系列をみればすぐに気づくと思うが、イギリスの参戦が唐突であることがわかる。大陸諸国間の動きはそれぞれの国の安全保障に密接に関わっていた。しかしイギリスだけはこの紛争で自国の安全が脅かされることはなかった。そのことはエドワード・グレイ外相が仲介に入ったことからも明らかだった。それにもかかわらず、イギリスはベルギーに対して中立を保障していたことを根拠に対独宣戦布告した。大陸各国にはイギリスの参戦はないだろうと考える政治家も多かった。その予想を裏切ったイギリスの行動だった。

実はイギリスの閣内（ハーバート・アスキス政権）では非干渉の立場を取る勢力が主流だった。ドイツがフランス侵攻のためにベルギー通過を求め、それをベルギーが拒否した場合、どうするかの議論があった（八月二日）。英国とベルギーの間には古びたベルギー中立保障条約

（ロンドン条約）があったからだった。ドイツはベルギーとの戦いは考えてはいなかった。それでも七〇年以上前の条約を根拠に対独戦争を強硬に主張したのが若きウィンストン・チャーチル（海軍大臣、一八七四年生れ）だった。それにロイド・ジョージ（蔵相）も同調した。閣議により参戦が決まると、反対派の貿易相ジョン・バーンズが辞意を表明し、五人の閣僚もそれに続く構えを見せた。五人の辞意を撤回させ、内閣の瓦解を防いだのはチャーチルであった。

首相のアスキスは参戦を決めたものの、チャーチルの好戦的性格に驚きを隠さなかった。

「ウィンストンはとにかく戦おう、動員を直ぐにでもかけるべきだと迫った。彼は戦いを望んでいた。彼は海の戦いがしたかったのである」[2]

チャーチルの性格を理解しておくことは重要である。彼の高いレトリック能力（演説の巧みさ、文章の巧さ）は評価されているが、歴史修正主義の学者や評論家はチャーチルを評価しない。ハーバート・フーバー元大統領は、著書『裏切られた自由』（渡辺惣樹訳、草思社、近刊予定）の中で、チャーチルの史書は素晴らしい読み物だが自身の判断の過ちを示唆する事件をスルーしている、と強く批判している。（この事実はチャーチル好きの多い日本ではもっと知られてよいことだろう。）

チャーチルらの参戦の法的根拠はイギリスがベルギーの中立を保障した条約にあった。七〇年以上前（一八三九年）に結ばれたカビの生えた証文だった。イギリスにはヨーロッパ大陸に強国を作らせないことという国是があった。一九世紀初頭にナポレオンが台頭したフランスを叩いた外交がその典型であった。ビスマルクに指導されたプロシアが普仏戦争（一八七〇年―七一年）に勝利し、ドイツ帝国に変貌し更なる発展を見せると、世界各地でイギリスの利権と衝突した。イギリスの次なるターゲットはドイツとなった。要するに、イギリスの参戦はパクス・ブリタニカを守るための戦いだった。古びた証文（ベルギーの独立保証）を口実にした参戦は、世論や外国政府に対する体裁を整えただけだった。

「フランスがドイツ攻撃のためにベルギーを通過していた場合、それもロンドン条約違反になるが、それによってイギリスが対仏宣戦布告したかは極めて疑わしい」(3)かった。ドイツをとにかく叩きたかった。それがイギリスの動機だった。

イギリスによる中立保障がなければ、ベルギーはドイツ軍の領土内通過を容認した可能性が高かった。ベルギーの頑なな態度はイギリスの後ろ盾があったからである。イギリスによる、大陸の小国に対する中立保障は、そうした国々の冷静な判断を麻痺させ外交を誤らせる。一九三九年三月末にネヴィル・チェンバレン首相がポーランドに独立保障を与えた。それによってポーランドは道を誤った。イギリス外交の過ちを理解し、更にその背後にはチャーチル同様に好戦的なアメリカ大統領フランクリン・ルーズベルト（ＦＤＲ）がいた。この点については後述する。

注

（1）渡辺惣樹『日米衝突の萌芽1898―1918』草思社、二〇一三年。
（2）Ralph Raico, Rethinking Churchill, Mises Daily, November 14, 2008.
（3）Ava Caroline Jacobi, Into the Abyss : The Legacy of the "Rape of Belgium" Propaganda, 2009, Senior Honors Thesis-Georgetown University, p18.

第二節　イギリスのプロパガンダ（レイプオブベルギー）

前節に書いたようにイギリスの戦争動機は不純だった。自国の安全保障のための戦い（防衛）ではなく世界覇権維持強化のためであった。それだけに諸外国、特にアメリカ世論に対しては注意深い対応が必要だった。真の動機を隠さなくてはならなかった。

戦争遂行に当たってアメリカの協力は必須だとチャーチルらは考えていた。武器調達にはファイナンスを含めた支援が必要だったし、何よりもドイツ系移民も多いアメリカにドイツを支援されてはならなかった。この目的達成のために仕掛けられたのがプロパガンダ戦（情報戦）であった。

プロパガンダは対アメリカ世論工作のためだけでなく、自国民への説明にも有効なツールだった。いかなる国にあっても若者に死を覚悟させるには十分な説明がいる。何故戦うのか。それを納得させなくてはならない。そのためには感情に訴える必要があった。ロジックよりも感情の刺激が有効であることを知っていた。

イギリスは、物理的な戦いと同時にドイツを極悪国とする情報戦争を開始した。イギリスの情報戦の進め方は入念な計画に基づいていた。彼らがまず行ったのはドイツから情報発信の術を奪うことであった。宣戦布告の翌日（八月五日）、海底ケーブル敷設専用船テルコニア号をドイツ北西部の港町エムデンの沖に遣り、ドイツの使う海底ケーブルを切断させた。このケーブルはニューヨークと繋がっていた。これが機能を失えば、ドイツはアメリカへの情報発信の術を失う。他所のルートもあったが盗聴される可能性があった。海底ケーブル切断作業は、ドイツとの戦いに予め備えた戦争遂行計画に沿ったものだった。一九一二年にはイギリス帝国防衛委員会（British Committee of Imperial Defense）が対独戦争の計画を既に立案していたのである。

ドイツの情報発信の術を奪うと、イギリスはすぐさまプロパガンダを開始した。アスキス首相がその作業を任せたのはチャールズ・マスターマンだった。彼の指揮する戦争プロパガンダ局（War Propaganda Bureau：外務省の外局）はロンドン市内の建物ウェリントンハウスにあった。そのためこの組織はウェリントンハウスと呼ばれた。マスターマンは、イギリスを代表する知識人をメンバーに揃えた。日本でもよく知られている空想小説家H・G・ウェルズや推理小説家アーサー・コナン・ドイルもいた。マスターマンはデイリー・メール紙の文学担当編集者だっただけにこうした有名人との人脈があった。

一九一五年五月、ウェリントンハウスは「ドイツの非道行為調査委員会（Committee on Alleged German Outrages)」による調査報告書を発表した。この委員会の長には世界的に著名な歴史学者ジェイムズ・ブライスが任命されていた。学術的色彩を付与するためだった。報告書は彼の名をとってブライス・レポート[1]と呼ばれた。

ブライスはその歴史書が当時の日本にも紹介されていたことからもわかるようによく知られた学者だった。もちろんアメリカでも知られていた。『アメリカ共栄圏（The American Commonwealth）[2]』（一八八八年）なる書を著していたし、ドイツの格式あるプール・ル・メリット勲章も受けていた（一九〇八年）。大戦前には駐米大使を務めた（一九〇七年―一三年）。

この「学術研究報告書」はドイツ軍の残虐行為を生々しく描写していた。

メヘレン（ベルギー）

ドイツ兵が女を殺し、その乳房を切り取ったことが目撃されている。町には多数の女の死体が転がっていた。

ハーヒト（ベルギー）

ここでは数人の幼児が殺されている。農家の納屋のドアに、二、三歳と思われる幼児が、手と足を釘で打ちつけられて死んでいた。信じがたい話だが、我々の持っている証拠からは事実と考えざるを得ない。この農家の庭では少女が額を銃で撃ち抜かれて死んでいた。

エッペゲム（ベルギー）

図2　反独感情を煽るポスター（パンチ誌 1914 年 8 月）

Cartoon by Bernard Partridge

図1　反独感情を煽るポスター（1915 年）

Roy Douglas, The Great War, 1914–1918 : The Cartoonists Vision

二歳の子の死体が見つかった。ドイツ兵の槍状の武器が子供の体を通して地面に突き立てられていた。

情報のソースはベルギー政府発表資料やベルギー難民の証言だった。後日の調査でそのほとんどが疑わしいことがわかっているが、戦時に高揚した英国民感情を煽るには十分な効果があった。

報告書と同時に夥しい数のポスターやパンフレットも制作された（**図1**、**図2**）。描かれたビジュアルイメージは国民に猛烈な反ドイツ感情を生んだ。「ドイツ人は人間の感情をもたない獣である」と国民の心に刷り込んだ。「敵の非人間化（dehu-

manization)」と呼ばれるプロパガンダテクニックであった。
イギリス国民だけでなくアメリカ国民の前にも大量のプロパガンダ情報が押し寄せた。ドイツは、アメリカ人ジャーナリストの従軍を認めていた。「従軍記者は、ドイツ軍とともにベルギーに入り、ニューヨーク・タイムズ紙に虐殺（atrocity）はなかったと寄稿[3]」していたが、そうした報告はイギリスのプロパガンダの洪水の中に消えた。ドイツからニューヨークにつながる海底ケーブルが切断されたことで、ドイツには反論の術がなかった。

注

（1）Report of the Committee on Alleged German Outrages, 1915.
（2）James Bryce, The American Commonwealth, Macmillan and Co., 1888.
（3）Jacobi 前掲書、p29.

第三節　人種差別主義者ウッドロー・ウィルソン大統領

大陸での戦いが始まった当時のアメリカ大統領はウッドロー・ウィルソンであった。一九一二年の大統領選挙で勝利した久方ぶりの民主党の大統領だった。民主党の基盤は南部諸州の白人勢力であった。南北戦争（一八六一年—六五年）では南部諸州（南部連合）が敗北し民主党はその力を失った。エイブラハム・リンカーン大統領の政策を引き継いだユリシーズ・グラント大統領以降の政治は共和党が担った。途中わずかにグローバー・クリーブランドが民主党の大統領となっているが、これは党勢の回復というよりも、彼の個人的人気によるところが大きかった。グラント大統領の就任（一八六九年）から九人の大統領が出ているが八人が共和党出身者だった。

民主党は南部諸州を基盤としていたと書いた。同党は奴隷解放がなった南北戦争以後も黒人を差別し、黒人との共生を拒否する政策をとった。それが黒人隔離政策だった。バスでも公共のトイレでも黒人専用のスペースを作った。人種差別の正当性を訴え南部諸州の結束を訴えた。それが民主党の党是だった（南部連帯政策：Solid South）。この政策では国民から広範な支持を得ることは出来なかった。それが民主党の劣勢が続いた理由だった。そんな状況にあって、一九一二年の大統領選挙で好機が訪れた。共和党が分裂したのである。一九〇八年の選挙では現職のセオドア・ルーズベルトは再選を狙わずウィリアム・タフト陸軍長官を後継指名して職を辞した。ところが大統領となったタフトはルーズベルトの政策を継続しなかった。

タフトは、ルーズベルトが重視した対日外交を軽視し中国に肩入れした。ルーズベルトが残した政府高官もタフトは入れ替えた。ルーズベルトはそれを快く思わず一九一二年の選挙では共和党候補に名乗りを挙げた。ルーズベルトは共和党予備選に敗れると自身で新政党「進歩党」を立ち上げ本選に臨んだ。ルーズベルトの人気は高かっただけに共和党票は二分された。漁夫の利を得た民主党は久方ぶりに権力を奪い返したのである。一般投票の結果からそれは歴然としていた。ウィルソン四一・八％、ルーズベルト二七・四％、タフト二三・二％だった。

民主党は南部諸州を基盤とする人種差別政党だと書いた。ウィルソンも当然に人種差別主義者であった。ウィルソンはカリフォルニア州の票獲得のために、日本人排斥を主張するアジア人差別組織の支援を受けた。

「あまり知られていないが一九一二年の大統領予備選挙（民主党候補選）では東洋人移民に強く反対する声明をウィルソンは出している。この声明文を起草したのは本人ではなかった。ウィルソンを支持するジェイムズ・フェラン（サンフランシスコ）だった(1)」

フェランは元サンフランシスコ市長（一八九七年―一九〇二年）だった。サンフランシスコ市教育委員会は、日本人学童をチャイナタウンにある支那人児童用の学校に隔離する事件（日本人学童隔離事件）を起こしている（一九〇六年）。白人の子供たちと学んでいた日本人学童を嫌っての措置であった。この事件に日本国中が憤った。教育委員会のメンバーはフェランが任命していた。

フェランは後に上院議員となっている（一九一五年―二一年）。彼が一九二〇年の選挙で使用した選挙ポスターが残っている（**図3**）。そこには、菊の紋章のついた軍服の袖から汚い爪を伸ばした手がカリフォルニアをつかみ取る様が描かれている。フェランが如何に反日本人の政治家であったかを如実に示している。ウィルソンはこのような人物の支援を受けていた。

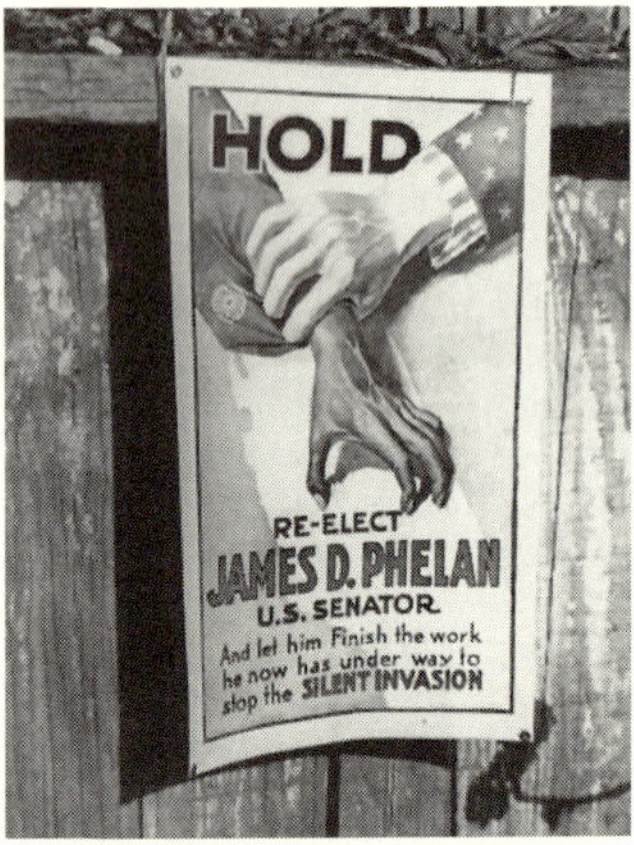

図3　フェランが使用した選挙ポスター（1920年）

この事実だけでもウィルソンが人種差別主義者であったことが知れるが、他にもそれを示すエピソードがある。ウィルソンはウィリアム・マカドゥーを財務長官に抜擢しているが、彼はウィルソンの娘婿だった（娘エレノアと一九一四年五月結婚）。南部出身のマカドゥーは、財務省の現業部門である造幣局に、南部諸州だけで行われていた黒人隔離政策を持ち込んだ。首都ワシントンで初めて黒人を隔離したのである。共和党の大統領の時代には考えられないことだった。

注

（1） Robert E. Hennings, James D. Phelan and the Woodrow Wilson Anti-Oriental Statement of May 3, 1912, The California Historical Society Quarterly, Dec., 1963, p291.

第四節　身動きの取れなかったウィルソン大統領

ウィルソンの父ジョセフは長老派（プロテスタント）の神学者だった。南北戦争時には南軍に参加して戦った。イギリスは南北戦争時には南部諸州を支援した。南部諸州はイギリスが進める自由貿易帝国主義経済システムの歯車として生きていくことを決めた。保護貿易主義をとるリンカーンが大統領に当選（一八六〇年一一月）すると、南部諸州は彼の大統領就任を待たず、次々に連邦からの離脱を決めた。南部諸州が生産する綿花はイギリスに供給され、イギリスからは工業製品を輸入する。それが南部支配層の綿花プランテーションオーナーの望みだった。南部は「イギリス大好き人間（anglophile）」が多かった。そうした父の背を見てきたウッドロー・ウィルソンも典型的なイギリス大好き人間だった。

一九一四年八月から始まったヨーロッパ大陸の戦火はイギリスの予想に反して長期化した。イギリスの参戦が両陣営の戦力を均衡させてしまったのである。これ以前の大陸での大きな戦いは普仏戦争（一八七〇年—七一年）だったが、一年足らずで決着をみた。しかし今次の戦いは塹壕戦となり長期化した。次々に投入される近代兵器（戦車、複葉機、毒ガスなど）もその均衡を崩せなかった。

一進一退を続ける戦況を横目にアメリカは未曾有の繁栄を謳歌する。アメリカはイギリスの軍需工場と化したのである。イギリスはふんだんな国富を惜しみなく武器の調達に使った。戦いの長期化でそれも尽き始めると、アメリカ金融界からの借款に頼った。融資する銀行に対してはアメリカ政府が保証した。

イギリスのアメリカに対する借款額は巨額であった。戦争が終わって一五年が経った一九三四年時点でも八億六六〇〇万ポンド（二〇〇六年の価値に直すと四〇〇億ポンド）も残っていた。イギリス以外の国もアメリカからの借款は多かった。一二三億ポンド（二〇〇六年の価値に直すと一〇四〇億ポンド）も残っていた（一九三四年時点）[1]。アメリカは巨額の融資をイギリスを中心とした連合国に与えていた。これが世界の金融センターがロンドンからニューヨークに移るきっかけであった。

戦争の長期化の大きな原因はアメリカからの無尽蔵とも言える武器や火薬の供給が続いたからだった。ドイツはこの供給を止めようと躍起になった。貨物船への潜水艦攻撃を始めた。アメリカ船籍の船舶への攻撃はアメリカ世論を刺激したが致し方がなかった。アメリカは、貨物船だけでなく客船も使って武器を運んでいた。公にはそのことは隠されていたが、ドイツは警告を発し、そうした客船の利用を止めるように求め、また潜水艦攻撃も辞さずと伝えていた。

客船の撃沈は一九一五年五月七日に起きた。ニューヨークからリバプールに向かっていた客船ルシタニア号（英国船籍）がアイルランド南方沖でドイツ潜水艦「U20」によって撃沈されたのである。乗客一一九八人が犠牲になった。その中には一二八人のアメリカ人乗客がいた。英米政府はドイツの「蛮行」を非難した。しかし、後になってのことだが、ルシタニア号は客船でありながら、ドイツの主張通り英国向けの武器を積んでいたことがわかっている。海底三〇〇フィート（九〇メートル）に沈んだ同船を調査したダイバーがアメリカ・レミントン社製の弾丸四〇〇万発を発見したのである[2]（二〇〇八年）。

好戦的なチャーチルはこの悲劇を喜んだ。

「中立国の船舶が我が国にやってくることは歓迎だ。特にアメリカの船舶がドイツとトラブルを起こしてアメリカを怒らせることが望ましい[3]」

歴史書の中にはこの事件をアメリカ参戦の原因と書くものがあるがそれは違う。ドイツは交戦国（英国）の客船には乗らないよう警告（ニューヨークの新聞各紙に警告掲載）していたし、アメリカ政府高官も危険を指摘していた。その中心にいたのは国務長官ブライアン・ジェニングスだった。彼は戦争を外交交渉で終わらせたかった。アメリカは戦いに参加するのではなく、その仲介に入るべきだと訴えていた。

ウィルソンは、ルシタニア号の撃沈を受けてドイツに強い調子の警告書を発することにしたがジェニングスは署名を拒否し辞任した（一九一五年六月九日）。彼は、ウィルソン大統領が中立国の立場でありながら英国寄りの外交を続けることに我慢ならなかったのである。後任にはロバート・ランシングが就いた。

その後のドイツはアメリカをこれ以上刺激することを恐れ、米国船籍の船舶への攻撃を控えた。そのこともあってウィルソンはアメリカ世論をヨーロッパの戦いへの参入止む無しに変えることはできなかった。ヨーロッパの戦いは膠着を続けた。これが大きく変化したのは英国への武器供給を止めないアメリカに業を煮やしたドイツが遂にイギリスに向かう船舶が戦争海域（war area）に入れば無制限攻撃すると宣言（一九一七年一月三一日）したからであった。ウィルソン政権はこの頃には対独戦を実質決めている。二月二二日には、あらたに軍備予算二億五〇〇〇万ドルを議会に承認させていた。

それでもアメリカ世論を参戦やむなしまでに変えることは出来ていない。アメリカ船舶がイギリス近海で撃沈される怒りだけでは国民は戦争を覚悟出来なかった。アメリカ国民はヨーロッパの戦いの大義がどこにあるか理解出来なかったからである。

注

（1） Finlo Rohrer, What's a little debt between friends, BBC New Magazine, May 10, 2006. http://news.bbc.co.uk/2/hi/uk_news/magazine/4757181.stm

（2）（3） Sam Greenhill, Secret of the Lusitania : Arms find challenges Allied claims it was solely a passenger ship, Daily Mail, 20 December, 2008.

第五節　都合のよかったロシア革命とツィンメルマン電報

イギリスはアメリカ世論に訴えようと戦いの大義を創作した。「極悪非道なドイツ」というプロパガンダの主張に、あらたに「民主主義国家対専制国家」の戦いという大義を持ち出した。

英仏は確かに議会制の国であり、ドイツ、オーストリアは皇帝による専制政治であった。しかし、この主張には欠点があった。連合国の一員であったロシアは皇帝ニコライ二世による専制政治の国であった。ロシア国内では、ユダヤ人排斥事件（ポグロム）も相次いでいた。従って、「民主主義国家対専制国家」の戦いを錦の御旗に掲げたとしてもアメリカ国民はそれが真実でないことはすぐにわかった。イギリスに加担したいウィルソン大統領もこのロジックでは動けなかった。

そんなときにロシア革命が起きた（一九一七年三月八日―一二日：グレゴリオ暦）。イギリスにとっては天祐であった。この時点での革命は穏健派とも言えるアレクサンドル・ケレンスキーに指導されていた。（過激なボルシェビキの指導者レーニンが権力を奪取するのは一一月〔グレゴリオ暦〕のことである。）革命の実態如何に関わらず、英米政府にとっては専制皇帝ニコライ二世が消えたことは好都合だった。「民主主義国家対専制国家」の戦いのスローガンに真実味が生まれた。早くから英仏の側に立ちたかったランシング国務長官はこの革命を歓迎した(1)。それに加えてケレンスキーは対独戦争の続行を主張していたことも好都合であった。

ドイツはこの時期に大きな外交的失策を犯した。アメリカ世論は、イギリスには同情的であったものの参戦までの気持ちはなかった。自国の若者を死なせる大義がなかったからだった。ところがドイツはアメリカの隣国メキシコに反米外交工作を仕掛けてしまった。メキシコは米墨戦争（一八四六年―四八年）の敗北で無理やりに領土を割譲させられた。形式上は金銭譲渡の形ではあったが、現在のカリフォルニア、アリゾナ、ニューメキシコなどを失い反米感情が根強かった。国境付近では小競り合いが継続していた。ドイツは、このメキシコに対米戦争協力を要請し、対米戦争に勝利すれば失われた領土を回復させると約束した。

暗号化されたメキシコ工作文書は英国に傍受され米国政府に伝えられた。文書の発信者はドイツ外務大臣アルトゥール・ツィンメルマンであった。ツィンメルマン外相は、公表されたこの暗号文書を偽物と主張することもできたがそうしなかった。自身の演説の中で本物であると認めてしまったのである（一九一七年三月）。これによってアメリカの「柔らかい下腹部メキシコ」との安全保障問題がアメリカ参戦の正当化に使えるようになった。

ロシア革命とツィンメルマン電報でウィルソン大統領は強気になれた。国民への訴えに自信を持った大統領がワシントン議会に対独宣戦布告の容認を求めたのは一九一七年四月二日のことであった。ウィルソンの演説は、「ヨーロッパ問題非介入」の建国の父たちの残した国是を破るものであった。アメリカが世界の警察官に変貌する最初のステップであった。

「ここに議員諸君に特別に集まっていただいたのは、極めて深刻な決断が求められているからである。しかもその決定は急がねばならない。決定は重大であり我が国憲法は私（大統領）だけですることを許していない。

去る二月三日、議員諸君にドイツ帝国政府のとんでもない決定を伝えた。それは、二月一日をもって、ドイツ潜水艦はイギリス、アイルランド及びヨーロッパ西岸の港に接近する船舶を沈めるというものである。それだけではない。地中海地域の、ドイツの敵国に管理されている港へ接近する船舶も攻撃の対象とした。（中略）ドイツの新方針は、それまで攻撃を思いとどまらせていた全ての制約をはずすものであり、船舶の国籍、種類、積荷、目的と目的地に関わらず海底に沈めるというものである。警告もなく、乗員乗客への思いやりや憐みのないやり方である。友好的中立国であろうが交戦国であろうがお構いなしである。病院船やベルギーで家族を失ったり傷ついたりした人々を運ぶ船も攻撃の対象だ」

「私にはこの方針が本当に文明国の行う所為であるとはとても信じられなかった。（中略）ドイツの戦いは世界に対する挑戦である。我が国の船舶も沈められ、わが国民の命も失われている。同じように他の中立国の船舶も沈められている。これは無差別攻撃なのである。人類への挑戦である（The challenge to all mankind）。この挑戦にどう立ち向かうかは各国の判断に任せる。我が国の方針は、熟考されたものであり、我が国の国家としての性格と動機を反映したものでなくてはならない。感情的になってはならない。我々の（参戦の）動機は復讐であってはならない。我が国が軍事的強国であることを示そうというものであってもならない。我々の動機は人権を守る（*the vindication of human right*）ためなのである」[2]（翻訳および傍点は筆者）

注

（1） Adam Tooze, The Deluge : The Great War, America and The Remaking of The Global Order 1916–1931, Viking, 2014, p69.

（2） ウィルソン大統領演説の全文は下記サイトで確認できる。http://www.presidency.ucsb.edu/ws/?pid=65366

第六節　アメリカ「十字軍」とボルシェビキの裏切り

前節に上げたウィルソンの演説はアメリカの「人権を旗印にした十字軍」宣言であった。善悪二元論の傾向の強いプロテスタント長老派を信仰するウィルソンの心は躍ったに違いない。彼の対独宣戦布告を求める演説は次の言葉で締めくくられた。

「我々に課せられた使命を遂行するためには命も財産も捧げることができる。全てを投げ出すことができる。我が国がいかにして生まれ、そして幸福と安寧をどう作り上げてきたか。そのことを知る者は高い誇りを持っている。我が国はその誇りをもっているからこそ、理念のために戦い、血を流せる特別な国なのである（*America is privileged to spend her blood and her might for the principles*）。我々にほかに取るべき道はない。神の加護あれ」（翻訳および傍点は筆者）

ウィルソンは、アメリカは人権を尊重する特別な国、世界を啓蒙する役割を神から与えられた国であると主張した。後に「アメリカ例外主義」と呼ばれる思想である。この演説は、イギリスの戦いの動機がパクス・ブリタニカの維持であることも、アメリカの戦いの動機に莫大な対英借款（対連合国借款）の保全があることも一切感じさせなかった。ひたすらアメリカ国民のプライドと理性に訴えるものであった。

演説を終えたウィルソンが椅子に腰をおろすと一瞬の静寂があった。それに続いて、万雷の拍手が議事堂に溢れた。興奮した議員は足で床を踏み鳴らした。アメリカが、自国の安全保障には関わらないヨーロッパ大陸の戦いに初めて国民の血を流させる「十字軍」の派遣を決めた瞬間であった。

国民もこの訴えを是とした。議事堂の周りには熱狂して星条旗を振る大勢の市民の姿があった。こうしてアメリカは建国の父たちが禁じたヨーロッパ大陸の揉め事への軍事介入を決めた。しかし当時のアメリカには正規軍は少なかった。一九一四年八月時点での正規軍及び予備役の総数はわずか二〇万に過ぎなかった。最終的な総動員数は四〇〇万人を超えたが、戦いに送り出すには志願兵の募集と訓練が必要だった。もちろん大量に必要とされる兵士は志願兵だけでは賄えなかった。徴兵制をワシントン議会はすぐに決めた（一九一七年五月一八日）。戦いに志願した人物にニューヨーク州議会議員だったハミルトン・フィッシュがいた。志願の理由はウィルソンの演説に感銘を受けたからであった。「自由と民主主義の世の中をつくるため」に死を覚悟したのである。[1] 後に歴史修正主義の立場を取ることになるフィッシュがアメリカ参戦の理由に疑いを持つのはまだ先のことであった。[2]

アメリカが若者の訓練と派兵の準備を本格化させている頃、大きな事件が起きた。ロシアで再び革命が起き、過激な暴力革命を目指すボルシェビキが権力を奪取したのである（十月革命）。指導者はウラジーミル・ウリヤーノフ（後のレーニン）であった。スイスに潜伏していたレーニンを密かに帰国させたのはドイツだった（一九一七年四月）。

革命に成功したレーニンは権力の徹底掌握を対独戦争に優先させた。ドイツとの戦いを止めるための交渉は一九一七年一二月からブレスト・リトフスク（現ブレスト〔ベラルーシ〕）で始まった。交渉を任されたのはレフ・トロツキーだった。ドイツの要求は厳しかった。ロシア領ポーランド、バルト諸国及びウクライナの一部の割譲を求めた。交渉が難航するなかで、ドイツ軍はロシア領内深く進軍を続けた。

革命政府中央委員会はついにレーニンの主張する対独講和やむなしの意見を受け入れることを決めた。（六人賛成、四人反対、四人棄権。）レーニンの主張は、「いまは空間を代価に時間を買い、後日を期して生き延びなければならない。割譲した領土は取り返すこともできる」[3]というものだった。

それにしてもロシアは凄まじいまでの譲歩を強いられた。一九一八年三月三日に結ばれた条約（ブレスト・リトフスク条約）によってレーニンが覚悟した「一時的領土の喪失」は次のように描写されている。

「敗北したロシアは、ウクライナ、ポーランドとバルト諸国とフィンランドの領土の割譲を要求された。結局全部で一〇〇万平方キロメートルである。国の人口はわずか三分の一に減少した。経済的に見れば、損失はロシア帝国の耕作可能な土地の三二パーセント、鉄道の二七パーセント、工業の五四パーセント、鉱山の八九パーセントが失われたことになる(4)」

これほど屈辱的な条件をロシアが飲まざるを得ないほどにドイツの攻勢が激しかったのである。生き残るための苦渋の決断だった。ドイツはこの条約で東部戦線の戦いを終結させた。東部戦線に展開していた軍を西部戦線に集中できることになった。

注

（1）　Hamilton Fish, Memoir of an American Patriot, Regnery Gateway, 1991, p26.

（2）　ハミルトン・フィッシュの思想については同氏の著作『ルーズベルトの開戦責任──大統領が最も恐れた男の証言』（渡辺惣樹訳、草思社、二〇一四年）に詳しい。

（3）（4）　アラン・ブロック『対比列伝　ヒトラーとスターリン　第1巻』鈴木主税訳、草思社、二〇〇三年、一一七頁。

第七節　苦し紛れのウィルソン大統領演説（十四カ条平和原則）

これほど屈辱的な条約をレーニンが容認したのは確かにドイツの軍事力を恐れていたからだった。しかし彼にはその後の展開に勝算があった。ドイツ国内に革命を起こせる自信があった。失われた領土の回復はその後で良いと主張し反対派を説得した。

「現在の国際情勢はソビエトにとって危機的である。だからこそ我々はとにかく生き延びることを選択しなくてはならない。西側で革命が起きる日まで辛抱しなくてはならない。ただ革命の気運の高まりは我々の予想より遅れている。それでも革命に向けての『爆薬』となる要因がかつてないほどに増え続けているのは確かである[1]」

レーニンのこの言葉でもわかるようにソビエトには対独講和の理屈があった。しかし、参戦準備を進めるアメリカとそのアメリカからの派兵を首を長くして待っている英仏両国にとってはブレスト・リトフスク条約は衝撃であった。膠着状態にある西部戦線も、東部戦線に展開されていたドイツ軍が西部戦線に投入されればパリも陥落し連合国敗北の可能性が高まるのである。

独ロの条約交渉は前述のように一九一七年一二月から始まっていた。ドイツとロシアの単独講和は連合国にとっても、参戦を決めたウィルソンにとっても危険なことであった。ウィルソンは「アメリカ十字軍の精神」を再び高揚させる必要に迫られた。ウィルソンがあらためてその精神を発表したのは一九一八年一月八日のことである。彼はこの日ワシントン議会で演説した。アメリカの現在まで続く外交姿勢の本質に触れる内容だけにその重要部分を引用しておく。アメリカが世界の警察官としてふるまう原理原則である。つまり「アメリカ十字軍の論理」である。（引用はアメリカ駐日大使館のホームページによった。ウィルソン演説を現在でもアメリカ外交が重要視していることがわかる。読みにくい訳文であるがそのまま転記した。この演説を今でもアメリカ大使館が是としていることに注目したい。なお十四カ条の項目部分は筆者による。[2]）

「連邦議会の皆さん…

（中略）

　われわれがこの戦争に入ったのは、権利の侵害が発生したためである。それは、われわれを深く傷つけた。そして侵害が是正され、その再発に対して世界の安全が最終的に確保されない限り、わが国民の生活が不可能になったのである。従って、この戦争でわれわれが求めるものは、われわれ自身にとって特別なものではない。それは、この世界を住みやすく安全なものにすることである。そして特に、わが国のように、自分の生活を営み、自分の制度を決定し、世界の諸国民から力と利己的な攻撃ではなく、正義と公正な扱いを保証されることを望むすべての平和を愛する国民にとって、世界を安全なものにすることである。この件に関しては、世界中のすべての人々が事実上の伴侶である。そしてわれわれ自身に関する限り、他者に対して正義を行わなければ、われわれに対して正義が行われることもない、ということが非常に明確に見えている。従って、世界平和のための計画は、われわれの計画である。そしてその計画、われわれが見るところ唯一の可能な計画は、以下の通りである。

Ⅰ（秘密外交の廃止）開かれた形で到達した開かれた平和の盟約。その締結後は、いかなる種類の秘密の国際的合意もあってはならず、外交は常に率直に国民の目の届くところで進められるものとする。

Ⅱ（海洋の自由）平時も戦時も同様だが、領海外の海洋上の航行の絶対的な自由。ただし、国際的盟約の執行のための国際行動を理由として、海洋が全面的または部分的に閉鎖される場合は例外とする。

Ⅲ（経済障壁の撤廃）和平に同意し、その維持に参加するすべての諸国間における、すべての経済障壁の可能な限りの除去と貿易条件の平等性の確立。

Ⅳ（軍備縮小）国家の軍備を、国内の安全を保障するに足る最低限の段階まで縮小することで、適切な保証を相互に交換。

Ⅴ（植民地問題の解決）植民地に関するすべての請求の、自由で柔軟、かつ絶対的に公平な調整。その際には、主権に関するそうしたすべての問題の決着に当たっては、当事者である住民の利害が、法的権利の決定を待つ政府の正当な請求と同等の重みを持たされなければならない、という原則に基づくものとする。

Ⅵ（ロシア問題）すべてのロシア領土からの撤退と、ロシアに影響を及ぼすあらゆる問題の解決。それは、ロシアに対して自らの政治的発展と国家政策を独自に決めるための、制約と障害のない機会を得させるために、世界各国の最良かつ最も自由な協力を確保し、またロシアが自ら選んだ制度の下で、自由な諸国の社会に真摯に迎えられることを保証するだろう。また歓迎にとどまらず、ロシアが必要とし希望するあらゆる援助の提供も保証するだろう。今後何カ月かの間に、ロシアに対して姉妹諸国が支える待遇は、それら諸国の善意と、彼ら自身の利益と切り離してロシアが必要としているものへの理解と、彼らの知的で、しかも利己主義を排した同情心の試金石となるだろう。

Ⅶ（ベルギー問題）ベルギーが他の自由諸国と同様に享受している主権を制限しようとする試みがあってはならない。ベルギーから撤退し、同国を復興させなければならない。このことについては、全世界が同意してくれるはずである。各国が相互の関係を管理するために自ら設定し決定した法律に対する信頼を回復する上で、これほど貢献する措置はないだろう。この治癒的行為がなければ、国際法全体の構造と正当性は永久に損なわれる。

Ⅷ（フランス問題）フランスの全領土が解放され、侵略された部分は回復されるべきである。また、一八七一年にアルザス・ロレーヌ地方に関してプロシアがフランスに対して行った不法行為は、五〇年近くも世界の平和を乱してきたのである。全員の利益のためにもう一度平和が確保されるために、この不正行為は正されるべきである。

IX（イタリア問題）　イタリア国境の再調整は、明確に認識できる民族の境界線に沿って行われるべきである。

X（オーストリア・ハンガリー帝国の自治）　われわれは、オーストリア・ハンガリー国民の諸国間における地位が保護され確保されることを望む。彼らには、自治的発展の最も自由な機会が与えられるべきである。

XI（バルカン諸国問題）　ルーマニア、セルビア、モンテネグロからの撤退が行われるべきである。占領された領土が回復され、セルビアは海への自由かつ安全な交通路を与えられ、いくつかのバルカン諸国間の相互の関係が、忠誠心と民族性という歴史的に確立された方針に沿って、友好的な協議により決定され、またいくつかのバルカン諸国の政治的、経済的な独立と領土保全に関する国際的な保証が結ばれるべきである。

XII（トルコ少数民族問題）　現在のオスマン帝国のトルコ人居住区域は確実な主権を保証されるべきだが、いまトルコ人の支配下にある他の諸民族は、確実な生命の安全と自立的発展のための絶対的に邪魔されることのない機会を保証されるべきである。そしてダーダネルス海峡は、国際的保証の下で、すべての諸国の船舶と通商に自由な通路として恒久的に開かれるべきである。

XIII（ポーランド独立問題）　独立したポーランド国家が樹立されるべきである。そこには議論の余地なくポーランド人である人々の居住する領土が含まれ、彼らは海への自由で安全な交通路を保証され、政治的、経済的な独立と領土保全が国際的盟約によって保証されるべきである。

XIV（国際平和機構創設提案）　大国にも小国にも等しく、政治的独立と領土保全の相互保証を与えることを目的とする具体的な盟約の下に、諸国の全般的な連携が結成されなければならない。

以上に述べたような、間違いの根本的是正と正義の主張に関しては、われわれ自身も、帝国主義者に対抗して団結するすべての政府と国民の親密な仲間であると自認している。われわれの利害をめぐって対立したり、目的をめぐって意見が割れたりすることがあってはならない。われわれは最後まで団結する。

われわれは、こうした協定と盟約のために戦い、それが達成されるまで戦いを続ける意志がある。ひとえにその理由は、正義が勝利する権利を望み、公正かつ安定した平和を欲することにある。そのような平和は、戦争の主要な挑発要因を除去することによってのみ達成できるが、この計画は、そうした要因を除去するものではない。われわれは、ドイツの偉大さを何も嫉妬してはいないし、この計画にはドイツの偉大さを損なう要素は全くない。われわれは、ドイツの実績や、あるいは羨望に値する輝かしい経歴をドイツに与えた傑出した学問や平和的事業を、何もねたんではいるわけではない。われわれは、ドイツを傷つけたり、ドイツの正当な影響や力を、いかなる形でも阻止したりすることを望んではいない。ドイツが正義と法と公正な取引の盟約によって、われわれと世界平和を愛する諸国家と連携する意志があるなら、われわれは兵器によってにせよ敵対的協定によってにせよ、ドイツと戦うことは望まない。われわれが望むのは、ドイツが支配者の地位ではなく、今われわれが住む新しい世界の諸国民の間の平等な場所を受け入れることである。

そしてまた、われわれはドイツの諸制度のいかなる変更ないしは修正をも提案するつもりはない。だが、われわれが率直に言っておかなければならないことがある。われわれがドイツとの間に何らかの知的な関係を持つための前提として必要なことがある、ということである。それはドイツの代弁者がわれわれに向かって発言する時、それは誰のために発言しているのか、ドイツ議会の過半数のためなのか、あるいは軍事政党と帝国的支配を信条とする人々のためなのかを理解する必要がある、ということである。（傍点筆者）

これでわれわれは、これ以上の疑いも質問の余地もないほど、具体的な言葉で述べ終えた。私が概要を述べたこの計画全体には、明確な原則が貫いている。それは、すべての国民と民族に対する正義であり、そして強い弱いにかかわらず、互いに自由と安全の平等な条件の下に生きる権利である。この原則が土台となっていない限り、国際正義という建造物は、どの部分もしっかり立つことはできない。合衆国の国民は、これ以外の原則に従って行動することはできない。そして、この原則を守るために、自分の生命、栄誉、持っているものすべてを捧げる準備ができている。このことの道徳的な頂点、人類の自由のための最終的な絶頂である、その戦争が訪れたのである。合衆国国民は、自分の力、自分の最も崇高な目的、そして自分自身の品位と献身を試してみる準備ができている」

これが所謂ウィルソンの十四カ条の平和原則演説だった。[3]

駐日アメリカ大使館ホームページはこれを絶賛している。

「最も重要な点は、多くの諸国が外交政策の指針は自己の利益だけだと考えていたのに対し、十四カ条の原則でウィルソンは、民主社会の外交政策の基盤は道徳性と倫理でなければならないと主張したことである。それ以降の米国政府が、必ずしもそうした信念を共有していたわけではないが、国内政策だけでなく対外政策においても、道徳性が重要な要素だと信ずるウィルソンに、多くの米大統領が賛成してきた」（傍点筆者）

「道徳性」や「倫理性」を戦いの理由にしていることがはっきりとわかる文章である。これが「アメリカ十字軍の精神」であった。十四カ条の平和原則演説の背景には、ブレスト・リトフスク条約への危機感があった。このままでは連合国敗北の可能性があった。だからこそドイツに対する宥和的な言葉（傍点部分）が散りばめられていた。ドイツ国内の講和を望む勢力を刺激するためである。しかし、そのことを演説を聞くものには感じさせなかった。あたかも善意の第三者の止むにやまれぬ平和を願う心情を訴える主張であった。

だがアメリカはこの時点ではすでに対独宣戦布告していた。善意の第三者の立場を取れるはずもなかった。もしこれが、アメリカ参戦前の提案であればその後の世界のあり方は随分と変わっていたはずであった。仲介のイニシアチブを取れたはずだった。

注

(1) Robert Service, Lenin : A Biography, Pan Macmillan, 2010, pp359–360.

(2)(3) アメリカ駐日大使館ホームページ。http://aboutusa.japan.usembassy.gov/j/jusaj-majordocs-fourteenpoints.html (二〇一六年春時点)

第八節　飢えたドイツ

ドイツは東部戦線から部隊を西に展開させパリを目指した。アメリカ軍の前線配備前に決着をつけたかった。しかし結局ドイツはそれに失敗した。一九一八年五月末の攻勢でパリの北東部郊外およそ八〇キロメートルまで迫るのが精一杯だった。この頃には既に訓練を終えたジョン・パーシング将軍に率いられたアメリカ軍(American Expedition Forces)が戦闘に参加し始めていた。アメリカ軍は五月末から七月初めにかけてのマルヌの戦いで本格的に戦いに参加した。

マルヌ川河畔の町シャトー＝ティエリーが戦いの中心地となった。この町はパリから北東におよそ五六マイル（約九〇キロメートル）にあった。激戦の地となったのはこの町から北西三マイルのベローウッドの森だった。この戦いでアメリカ軍は一八一一人の戦死者、戦傷行方不明者およそ八〇〇〇を出した。アメリカ軍の本格参戦でドイツの勝利の可能性はなくなった。アメリカ軍はこれ以降も続々と大西洋を越えてやってくるのである。ドイツの戦意を喪失させるには十分であった。

ドイツは内部からも崩壊した。イギリスの港湾封鎖で国民は飢えていた。ハーバート・フーバー（後の米大統領）の組織した食糧支援組織が飢えた民間人に食糧を届けようとしたが、イギリスがそれを頑として拒否した。支援船がドイツの港に入ることを許さなかった。食糧は武器である。それがイギリスの理屈であった。飢えた国民を共産主義者が扇動した。レーニンらが遅すぎるとしびれを切らしていた左翼勢力の工作が実を結んだのである。

一九一八年一一月三日、ドイツの軍港キールで水兵が反乱を起こした。一〇日には左派による暫定政府が生まれ、ヴィルヘルム二世はオランダに亡命した。ドイツ革命が起きたのである。こうしてドイツ帝国は崩壊した。

皇帝を追放し専制政治を終わらせた勢力は連合国と休戦協定を結んだ（一九一八年一一月一一日）。彼らはウィルソンの十四カ条の平和原則に期待していた。ウィルソンの演説の一部を再掲する。この部分に彼らは期待したのである。

「ドイツの偉大さを何も嫉妬してはいないし、この計画にはドイツの偉大さを損なう要素は全くない。われわれは、ドイツの実績や、あるいは羨望に値する輝かしい経歴をドイツに与えた傑出した学問や平和的事業を、何もねたんではいるわけではない。われわれは、ドイツを傷つけたり、ドイツの正当な影響や力を、いかなる形でも阻止したりすることを望んではいない」

ドイツ国民はドイツ人を「けだもの」だとしたプロパガンダ戦争が行われていることなど知らなかった。ドイツが戦ったのは、大軍をドイツ国境に動員し、再三の要請にもかかわらずそれを止めようとしないロシアに対する防衛のはずだった。そのロシアをけしかけたのはフランスではなかったか。イギリスは関係のない大陸の戦いに勝手に参戦したのではなかったか。従って、専制政治の象徴である皇帝を排除すればウィルソン大統領は自身の演説に沿った裁きを見せてくれるはずであった。一一月一一日の休戦時点で、ドイツはその領内に攻め込まれてはいない。ドイツ国民は講和がなれば再び安寧の日々が訪れると考えた。戦う余力を残しての休戦だと国民は考えたのである。

ところがドイツの期待は裏切られた。休戦がなってもイギリス海軍はドイツ港湾の封鎖を解かなかった。そのためドイツ国民は休戦後も飢え続けた。封鎖の狙いは、厳しい講和条件をドイツに飲ませるためであった。そのためにはドイツを徹底的に苦しめておく必要があった。イギリスの外交政策は日本人が考えるような紳士のそれではけっしてない。国益最大化を狙う冷徹なものであった。港湾封鎖は一九一九年三月には若干緩和されたものの七月一二日まで続いた[1]。休戦から封鎖が解かれるまでにおよそ二五万人が餓死した[2]。

「一九一九年三月初め頃、イギリスのドイツ占領軍を指揮するハーバート・プルーマー将軍はロイド・ジョージ首相に対して、兵士たちが帰国を強く望んでいると伝えた。兵士たちは、『痩せこけて腹の膨らんだ子供たちが英軍駐屯地のごみをあさる』姿を見るに堪えないと訴えていたからだった。英米両国はフランスの強い反対を押し切った。三月末に食糧を運ぶ第一船がハンブルクに入った。七月に入ってようやく（食糧などの）原材料の輸入と工業製品の輸出を認められた。ドイツがベルサイユ条約に調印してからのことである[3]」

港湾封鎖が原因とされるドイツ国内の死亡者数推移[4]

一九一五年	八万八二三五人
一九一六年	一二万一一一四人
一九一七年	二五万九六二七人
一九一八年	二九万三七六〇人

子供や妊産婦の多くが命を失った港湾封鎖の苦い経験は、ドイツ指導層に深い恨みを残した。それが二度と国民を飢えさせない、という強い動機を生んだ。そのことは後にナチスドイツの最高幹部の一人となったヘルマン・ゲーリングが、ドイツを訪問したハーバート・フーバー元大統領に語った言葉からも明らかだ(一九三八年三月)。フーバーは第一次世界大戦期に何とか飢えた子供たちに食糧を届けようと努力した人物だった。ドイツを訪問していたフーバーにゲーリングはその感謝の気持ちを伝えた。その時のゲーリングの言葉をフーバーは記録している。

「ゲーリングはまず私へのドイツ国民の感謝の言葉を伝えた。先の大戦での食糧支援への感謝だった。彼は、ドイツは二度とあのような苦境には立つことはない、と熱く語った。ドイツの農業生産は、国境の内側での自給には十分なほどのレベルに達したとも述べた。私(フーバー)はそれを信じることは出来なかった[5]」

注

(1)(2) N. P. Howard, The Social and Political Consequences of the Allied Food Blockade of Germany, 1918–19, German History, 1993 Vol. 11, p162.

(3) Ralph Raico, The Blockade and Attempted Starvation of Germany, Mises Daily, May 7, 2010.

（4）　Patrick J. Buchanan, Churchill, Hitler, and the Unnecessary War : How Britain Lost Its Empire and the West Lost the World, Crown, 2008, p78.
（5）　Herbert Hoover, Freedom Betrayed : Herbert Hoover's Secret History of the Second World War and Its Aftermath, Hoover Institution Press Publication, 2011, p840.（ハーバート・フーバー『裏切られた自由』渡辺惣樹訳、草思社、近刊予定）

第九節　ベルサイユ条約の不正義　その一

前節でドイツ革命と皇帝ヴィルヘルム二世の亡命について述べた。皇帝亡命の最終決断は確かにドイツ革命によるものであった。しかし、それ以前から皇帝の退位を条件とした講和条約の交渉は始まっていた。連合国の戦いの「大義」は、ウィルソンの演説にはっきりと示されていたように「民主主義対専制国家」のはずだった。従ってその「大義」は、皇帝を退位させ連合国の納得する民主主義体制を構築すれば達成できるはずであった。

一九一八年春には三〇万の米軍新米兵士がフランス領内で訓練を受けていた。夏にはその数は一〇〇万となり、訓練の終わった部隊は次々に前線に向かった。アメリカの参戦はドイツ軍の戦意を削いでいた。パリ攻略がもはや不可能とみたドイツが講和条件を探ったのは一九一八年一〇月初めのことである。帝国宰相バーデン伯（マクシミリアン・フォン・バーデン）が、十四カ条平和原則による講和の可能性をアメリカに打診した。ウィルソンは、英仏連合国の軍事力は常にドイツのそれを上回るようにすること、皇帝は退位することを条件に講和を英仏両国に打診した（一〇月二三日）。バーデン伯はこの条件を呑んでいた[1]。

復讐心に燃える英仏両国の反応は鈍かった。ウィルソン大統領の名代となった大統領顧問のエドワード・マンデル・ハウスが米国の対独単独講和をちらつかせてようやく納得させた。しかし両国はそれぞれ付帯条件を付けた。イギリスはドイツに航行の自由を認めることを保留した。港湾封鎖継続のためである。フランスは、ドイツの完全なる賠償を求めることが条件だった[2]。

一九一八年一一月一一日、休戦協定がなった。ドイツの代表は早くから講和を主張していたマティアス・エルツベルガー（ドイツ中央党）だった。彼は後にドイツを売った男として暗殺された（一九二一年八月）。

フランスは、戦場が領土内であったことから物理的被害が甚大だった。およそ一四〇万が命を失った。それが賠償を強く求める動機となった。英国はおよそ七〇万の命を犠牲にした。英国は自らが煽った戦争プロパガンダに自縄自縛となっていた。「ドイツはけだもの」キャンペーンが功を奏し、国民にはドイツへの復讐心が溢れていた。「皇帝の首に縄を巻け（Hang the Kaiser）」、「全ての戦費を賠償させせろ」といった声が溢れた。当初はドイツ懲罰に抑制的だったロイド・ジョージ首相もその世論に応えなくてはならなかった。「奴らのポケットにある全ての金を出させせる（We will search their pockets for it）」と国民に約束せざるを得なかった[3]。

ドイツとの休戦を受けてイギリスでは選挙となった（一九一八年一二月一四日）。ロイド・ジョージは「復讐心を抑えなければならない[4]」と訴えていたが世論の声に圧倒され主張を変えた。

イギリス参戦を煽ったチャーチルは一九〇一年には、「人民の戦争は王様の戦争より醜くなる[5]」と述べていた。一九一九年のヨーロッパは彼の言葉の正しさを示していた。戦争をプロパガンダによって「人民の戦争」にしたのは彼自身であった。

ドイツがその言葉を信じて仲裁役を期待したウィルソン大統領も、その物言いを次第に変えていった。一九一九年に入ると、「(政府指導者だけではなく)ドイツ人自身にも政府の行動に責任がある」と語るまでになっていた[6]。

注

(1)(2) Buchanan 前掲書、p70.
(3)(4) 同右、p71.
(5) 一九〇一年五月一三日の議会演説。
(6) Buchanan 前掲書、p73.

第一〇節　ベルサイユ条約の不正義　その二

第一次世界大戦の戦後処理の協議は一九一九年一月からパリで始まった(パリ講和会議)。会場はベルサイユ宮殿が選ばれた。壮麗な建物はドイツ解体の修羅場と化した。連合国はドイツ領土をバラバラに刻んだうえに途方もない額の賠償金を課した。

ドイツはその海外領土や利権を全て失った。そうした地域にあったドイツの財産は民間資産であっても没収された。アフリカ大陸の植民地は、英仏両国と南アフリカなどで分けた。山東省利権と太平洋の赤道以北の植民地は日本が、以南の植民地はオーストラリアとニュージーランドが分けた。

ドイツの持つヨーロッパ大陸の領土も容赦なく切り刻まれた。

ドイツ西部のアルザス・ロレーヌ地方は普仏戦争（一八七〇年―七一年）によってドイツ領となっていたがフランス領に戻された。この北部に隣接するザール地方は国際聯盟の委任統治となった。（一九三五年の住民投票でドイツに戻る。）ベルギーも「レイプ」の代償として、プロシア時代からドイツ領であったオイペン・マルメディ地方を得た。ライン川両岸地域であるラインラントは非武装化された。この地域にはドイツ主要都市（ケルン、フランクフルト、マンハイムなど）の多くが含まれていた。

ドイツ北部ユトランド半島はデンマークとの領土紛争（シュレースヴィヒ・ホルシュタイン戦争）が続いていたが、住民投票が強制された結果半島北部はデンマーク領となった。

東部方面の北部シレジア（上シレジア）も住民投票が強制され、東部はポーランド帰属を決めた。北東部のポズナンはプロシア時代からのドイツ領であったがポーランドに割譲された。（この東部にあるアレンシュタインとマリエンヴェルダーは住民投票でドイツに残った。）

北部の港湾都市ダンツィヒはその住民の九割以上がドイツ系であったが、自由都市として国際聯盟の管理下となった。しかしこの港への陸からのアクセスは、ポーランド領となった地域（ポーランド回廊）によってドイツと完全に遮断され、ダンツィヒは飛び地になった。第二次世界大戦はヒトラーがこのダンツィヒ回復を求めてポーランドと交渉したが、イギリスとFDR政権の妨害でとん挫したことが原因で起きたのであった。従って、大東亜戦争（太平洋戦争）の日本の三〇〇万の犠牲もこの町の帰属を巡る戦いが原因だったと考えなくてはならない。

ベルサイユ条約によってどれほどの不正義がドイツに対してなされたかは、歴史修正主義の立場に立つパトリック・ブキャナンがその書『チャーチル、ヒトラー、そして不必要だった戦い』の中で詳細に語っている（第三章「復讐精神の害毒」）。[1] この章の中で、ドイツの失った国富を次のようにまとめている。[2]

喪失率（対一九一四年比）	
海外植民地	一〇〇％
船舶	八〇％
鉄鋼生産	四八％
石炭生産	一六％
ヨーロッパ内領土	一三％
人口	一二％

この表にはドイツはその保有船舶の八〇%を失ったとある。この船舶には軍船も商船も含まれている。商船の多くは敵国に接収された。ベルサイユ会議出席のため大西洋を渡ってやってきたウィルソン大統領は客船ジョージ・ワシントン号を利用した。一九〇八年に竣工したドイツ帝国最大の客船であったがアメリカが接収していたのである。

ドイツ海軍は休戦協定が締結されると、スコットランドの内海スカパフロウ（Scapa Flow）にその艦隊の回航を命じられた。一九一八年一一月二七日までにはドイツ艦隊の艦船のほとんどが集まった。ベルサイユ会議ではこの艦船の「分捕り合戦」が始まっていた。イギリスは破壊したかったが、フランスとイタリアはそれぞれが四分の一を要求した。その交渉の帰趨を待つ間に、艦船を操るドイツ海軍士官や水兵は五〇〇〇人程度までに減っていた。

ドイツ海軍の兵士たちは、愛する船が戦うことなく敵の手で弄ばれることが許せなかった。艦隊を指揮するルートヴィヒ・フォン・ロイター提督は自沈させることを密かに決めた。実行命令が出されたのは一九一九年六月二一日午前一一時半のことであった。その日の夕刻五時には五二隻（総計四〇万トン）が海底に没した。ライフボートで脱出したドイツ兵九名が、自沈を止めさせようとしたイギリス海軍によって射殺された。これがドイツ最後の「戦い」の犠牲者であった。ドイツ国民は自沈行為に歓喜した。マンデル・ハウスも、「これでイギリス海軍は笑いものになるだろう」と日記に書いた(3)。

一九一九年六月二八日、ドイツ使節がベルサイユ宮殿鏡の間に引き立てられた。ここがドイツ帝国解体のセレモニー会場だった。ドイツ代表は屈辱のベルサイユ条約に署名した。調印の日もドイツの恨みに油を注ぐ悪意を持って決められていた。この日は大戦勃発の引き金となったオーストリア皇太子フェルディナントが暗殺された日であった。

ドイツ国民の思いは、「ドイツは署名はしたがけっしてそれに拘束されない」、「ベルサイユ条約などたんなる紙切れである、力で押し付けた条約はその力が消えた時に効力を失う」、「希望を失ってはならない、必ず再興の時は来る」というものであった。[4]

図４　船尾から沈むドイツ戦艦バイエルン

ドイツ代表が鏡の間に案内されたのは午後三時のことである。交渉団長だったウルリヒ・フォン・ブロックドルフ＝ランツァウ伯爵はあまりに厳しい条件を提示された段階で帰国していた（六月二二日）。ワイマール共和国の初代内閣も崩壊していた（六月二〇日）。フリードリヒ・エーベルト大統領だけは踏みとどまり新内閣を組織させ、調印を決めた。誰もが嫌がる調印の役回りを担ったのは新内閣のメンバーであるヘルマン・ミューラー（外務大臣）とヨハネス・ベル（運輸大臣）だった。

鏡の間に通された二人の顔は蒼白であった。

「彼らは感情を表に出さなかった。持参した万年筆で震えながら署名した。フランスの愛国者が用意した筆記具を使おうとしなかった。（中略）署名がなるとたちまち宮殿周辺に祝砲が響いた」[5]

彼らに続いて関係各国の署名があった。それが終了したのは三時四五分のことである。ドイツ代表団は署名を終えるとすぐに退席していたからそこにはいなかった。ホテルに戻ったミューラーは卒倒して意識を失った。[6]

連合国首脳は署名のセレモニーを終えると中庭に出た。そこには多くの関係者が集まっていた。興奮する人々にもみくちゃにされたウィルソン大統領は美しく水を吐きだす噴水の中に危うく落とされるところであった。[7]

歓喜に沸くパリとは対照的にドイツの全ての町は通夜のようだった。人々は半旗を掲げ、社会主義者でさえも「恥に塗れた平和」だと自嘲するほどであった。[8]

注

（1）Buchanan 前掲書、Chapter 3：A Poisonous Spirit of Revenge.
（2）同右、p82.
（3）Margaret MacMillan, Paris 1919：Six Months that Changed the World, Random House, 2001, p472.
（4）Buchanan 前掲書、p85.
（5）MacMillan 前掲書、p476.
（6）（7）同右、p477.
（8）同右、p478.

第一一節　小国の強欲　その一　ポーランド

先に書いたようにロシアは既にドイツと講和していた。従ってロシアは連合国の一員ではなかった。敗者となったドイツに割譲されていた旧ロシア領もベルサイユ会議で分割処理された。その結果フィンランド、エストニア、ラトビア、リトアニアが独立した。

その他の東部ヨーロッパの戦後処理は、三つの大国（ドイツ、ロシア、オーストリア・ハンガリー帝国）の崩壊で混乱を極めた。その中で「漁夫の利」を得たのがポーランドとチェコスロバキアだった。

ポーランドは第一次世界大戦期には存在しない国だった。ポーランドを取り巻く三大国が一八世紀末に切り刻み、この国は一七九五年には地図から消えていた（第三次分割）。ロシア、プロシア、オーストリアによる三分割だった。ナポレオン戦争の時代、フランス側に立ちワルシャワ公国を建てたが(一八〇七年)、ナポレオンの敗北で束の間の祖国再興となった。

ポーランド人は分割された三国で独自の文化を失わなかった。上記三国から逃れフランスに亡命したものも同じだった。彼らはポーランド独立の気概を捨てなかった。それぞれの国の軍の中にポーランド人部隊が生まれていた。第一次世界大戦の交戦国は国内のポーランド系の協力を得るために工作した。独墺両国は、オーストリア軍とともに戦うポーランド人部隊指導者ユゼフ・ピウスツキの籠絡を狙った。ヴィルヘルム二世と皇帝フランツ・ヨーゼフ一世は、ポーランド建国を約し、彼らの協力を求めた(一九一六年)。しかし、約束された領土は旧ソビエト領土のみであった。ピウスツキは協力を拒み、同志に両国の徴兵に応じないよう指示した。この結果、独墺両軍に参加していたポーランド軍は解体され、ピウスツキはベルリンで収監された。独墺はポーランド系軍人の有効利用に失敗した。

フランスにいたポーランド人グループを利用したのはレイモン・ポワンカレ大統領だった。一九一七年にはフランス軍の中に公式にポーランド人部隊が創設された。この部隊はユゼフ・ハラーが指導した。アメリカ国内ではポーランド系グループが志願兵部隊(ファルコンズ)を編成していた。ウィルソン大統領の宣戦布告を待ちわびていた彼らは、布告と同時に戦地に向かった。

ポーランド再興を願うものは各国に散っていた軍人たちだけではなかった。文化人も広報活動を活発化していた。なかでもイグナツィ・パデレフスキはよく知られている。ポーランド貴族の血を引くパデレフスキは大戦勃発時には既に世界的に名を知られたピアニストだった。ヨーロッパに戦火が広がるとアメリカ国内でポーランド支援コンサートツアーを始めた。多くの女性たちがラブレターを送るほどの人気ピアニストだったパデレフスキはホワイトハウスでもコンサートを開きポーランド支援を訴えた（一九一六年二月二二日）。ウィルソンは国内に四〇〇万あったポーランド系票を意識していた。ウィルソンは側近にパデレフスキの主張を聞き取らせていた。それが一九一八年の十四カ条提案の一部となった（第十三条）。その部分を再掲する。

「XIII（ポーランド独立問題）独立したポーランド国家が樹立されるべきである。そこには議論の余地なくポーランド人である人々の居住する領土が含まれ、彼らは海への自由で安全な交通路を保証され、政治的、経済的な独立と領土保全が国際的盟約によって保証されるべきである」

ベルサイユ会議ではこの第十三条（ポーランド独立問題）に十分な配慮がなされることになった。休戦がなると、ベルリンの監獄から解放されたピウスツキとパデレフスキはポーランドに戻り、両頭体制でポーランド再興を図ることとなった。軍を掌握したピウスツキはパデレフスキを嫌ったが連合国に人脈のある彼を邪険にはできなかった。ベルサイユでの交渉はパデレフスキが担った。

一九一九年一月二九日、連合国にポーランドの領土要求を説明したのはもう一人の代表ローマン・ドモフスキだった。彼の要求は連合国首脳を驚かせた。西部の国境については連合国側はポーランドに配慮した条件を考えていたものの、東部国境についての方針は曖昧なままだった。ポーランドはロシア領、東プロシア（ドイツ領）、リトアニアまで要求した。かつてのポーランド大公国の最大領土の回復を目指すものだった。この強欲に連合国首脳も不快感と危機感を持った。ポーランド代表団にロイド・ジョージ首相は警告した。「忘れてもらって困るのは、あなた方の自由は他国の犠牲によってもたらされた事実である[1]」と苦言を呈した。

いずれにせよポーランド東部の国境画定はごたごたが続いた。結局ベルサイユ会議では決まらず、隣国との戦いとなった。ソビエトとの国境は戦いの末リガ条約（一九二一年三月一八日）でようやく画定した。ウクライナ西部のガリツィア地方の領有についてはウクライナ・ポーランド戦争となった。チェコスロバキアとはチェシン地方の領有で揉めた。

大戦前には国さえ存在しなかったポーランドはほとんどすべての隣国と領土問題を起こしたのである。ウィルソンが唱える民族自立は言葉の上では美しく響くが、民族が錯綜する地域では絵空事に過ぎなかった。民族自立の主張はむしろ民族対立を煽る結果となった。アメリカ建国の父たちがヨーロッパ問題に決して介入するなと警告していたのはこうなることがわかっていたからだった。警告の正しさはポーランドの行動が見事に示していた。弱者だったものも強くなれば強者の行動原理で動くのである。

ロイド・ジョージは、「小国がせっかく得た自由を満喫する前に、今度は他の民族を抑圧しようとしているさまを見て絶望せざるをえない」と嘆いた。[1]

大著『パリ1919』（二〇〇一年）を著したマーガレット・マクミランはポーランドの態度を次のように書いている。

「連合国列強は、（ポーランドを支援する）フランスも含めて、ポーランドは強欲で無責任だと感じた。ポーランドの隣国はみな恨みを持った。リトアニアはヴィリニュス地方を、ロシアは一五〇マイルにも延びる地域を、チェコスロバキアはチェシンを、そしてドイツはポーランド回廊とダンツィヒを奪われた。各国が憎しみを持った。そして一九三九年夏には、ポーランドは再び地図から消えることになったのである[2]」

注

（1）MacMillan 前掲書、p220.

（2）同右、p228.

第一二節　小国の強欲　その二　チェコスロバキア（一）

チェコスロバキアも大戦の始まった一九一四年には存在しない国だった。この国がベルサイユ条約で得た領土のほとんどが旧オーストリア・ハンガリー帝国領土であった。帝国内のチェコ族とスロバク族をまとめ上げ、連合国首脳に要求のほぼ全てを認めさせたのはトマーシュ・マサリクであった。

スロバク系のマサリクはプラハ大学で哲学教授を務めていたが早い時期からスロバク族とチェコ族は同盟しオーストリア・ハンガリー帝国からの独立を訴えていた。宗教的にはスロバク系はカトリック、チェコ系は無神論者が多かったが、マサリクは両者が協力することが独立を早めると考えた。（この矛盾は一九九三年にチェコスロバキアがスロバキア共和国とチェコ共和国に分裂〔ビロード離婚〕したことで明らかになった。）

大戦が勃発するとマサリクは家族を残しスイスに移った（一九一五年）。その後ロンドンに渡りロンドン大学に職を得ている。彼が行動を開始したのはロシア革命（二月革命）の報に接してからである。チェコスロバキア国民評議会の指導者となっていた彼は、サンクトペテルブルクに渡り、ケレンスキー暫定政権との交渉に臨んだ。ロシアには、オーストリア・ハンガリー帝国の兵士として戦っていたチェコ人兵士（スロバキア人も少数いた）が戦争捕虜として収監されていた。マサリクは彼らを解放した上でチェコ軍を組織し、ロシア軍とともに枢軸国との戦いに参加させることを説いた。ロシア暫定政府はそれを諒とし、チェコ軍を組織させた。

捕虜となっていた兵士は表面上オーストリア兵であったが、将来の独立を目指し積極的に投降していたのである。

五万人規模となっていたチェコ軍の将来が大きく変わったのは一一月のレーニンが指導したボルシェビキ革命であった。先に書いたようにレーニンは対独戦をブレスト・リトフスク条約（一九一八年三月三日）によって終えさせた。これがロシア内のチェコ軍の立場を一気に不安定化させた。マサリクはボルシェビキと交渉し、チェコ軍を西部戦線に移動させることを了承させた。停戦となった東部戦線ではチェコ軍は戦えない。しかし、シベリアを横断しウラジオストクから東回りで太平洋、北米大陸、大西洋を抜けフランスに入れば、対独墺戦を西部戦線で続けることができる。この計画をロシアに了承させたマサリクはウラジオストク経由でアメリカに渡り対米政治工作に向かった。ウラジオストクから下関、横浜に渡り、連合国の一員である日本にもチェコ軍団の支援を訴えるとアメリカに向かって旅立っていった（横浜発四月二〇日）。

米国に入るとチェコ、スロバク両系の住民を集めて各地で支援を訴えた。ニューヨークのカーネギーホールではポーランド独立支援を求めるパデレフスキとともに民族独立を訴えた[1]。この時点でのチェコ・ポーランド両系の足並みは揃っていたのである。

マサリクは米国政府要人との交渉も成功させた。ランシング国務長官や大統領顧問のマンデル・ハウスと会見し、一九一八年六月一九日にはウィルソン大統領との会談に臨んだ。この会談は気まずいものだったようだ。学者肌の二人（ウィルソンは元プリンストン大学学長）の会話は互いをお説教するようなものだったらしい。しかし会談のぎこちなさの本質は、ロシアに残るチェコ軍の扱いについての意見の相違だった。大統領は、チェコ軍をロシア領内に残し、連合国を「裏切った」ボルシェビキ政府との戦いに利用したかった。(2)マサリクの狙いはこの大戦を利用した民族独立にあった。

マサリクは、あとに残したチェコ軍は彼の後を追ってウラジオストクからアメリカを経由し、大西洋を渡り西部戦線に参加するものだと思っていた。しかし現実には、その移動の過程でボルシェビキ軍との戦いになっていた。中央のボルシェビキは武器をもっての移動を許可していたが、地方組織が武装解除を要求したことが争いの原因だった。チェコ軍は、夏の終わりごろにはシベリア鉄道沿線を制圧した。この頃になると連合国、特に英仏両国は考えを変え、彼らを使って東部戦線を継続させられないかと目論んだ。チェコ軍を東部に残し対独墺戦争を続けさせる方が有利と考えたのである。両国の意を受けたウィルソン政権はチェコ軍支援のためのシベリア出兵を目論んだ。シベリアへの軍の展開には日本の協力が欠かせなかった。むしろ日本の力に頼らざるを得なかったというのが現実に近かった。腰の重い日本政府の背中を押して日本軍を中心としたシベリア出兵が決まった。八月にはウラジオストクに日米軍を中心とした連合国軍の上陸が始まった。こうしてボルシェビキ革命への介入がチェコ軍を利用して始まったのである。

注

（1）（2） MacMillan 前掲書、p233.

第一三節　小国の強欲　その三　チェコスロバキア（二）

多民族国家オーストリア・ハンガリー帝国もドイツ同様に連合国の裁きを待っていた。従前からドイツ系（オーストリア）とマジャール系（ハンガリー）による二重帝国と呼ばれ、その連帯は皇帝（フランツ・ヨーゼフ一世）の権威によってようやく保たれている状態だった。しかし両民族の鎹《かすがい》として機能した皇帝は大戦中に世を去った（一九一六年一一月）。敗戦でその帝国はまさに「俎板の鯉」となった。ドイツ系とマジャール系の狭間にあったチェコ系とスラブ系は、帝国内の少数派であったが、新国家建設に燃えていた。彼らは連合国とともに「鯉」の料理にかかった。

新国家建設を訴えて旅に出ていたマサリクは一九一八年一二月にはプラハに戻った。ウィーン（ドイツ系）にもブダペスト（マジャール系）にもチェコ人とスラブ人の新国家建設に抵抗する勢力は残っていなかった。マサリクの影響下にある軍は、連合国の会議が始まる前に可能な限りその支配地域を拡大し、確保しておきたかった。西部のボヘミアは、北はドイツに南はオーストリアに接し、ドイツ系住民が多い土地である。チェコ軍はここをまず占領した。ハンガリー方面では、チェコ軍を支援するフランスが圧力をかけハンガリー軍の撤兵を求めた。スロバク系の占領地を増やすためであった。
一九一九年二月五日、マサリクの右腕となっていたエドヴァルド・ベネシュ（外務大臣）は連合国最高会議（Supreme Council）で、連合国首脳も驚くほど広大な領土を要求した。西部ボヘミアではドイツ系住民の多いズデーテンラントを、北部モラビアではポーランドの炭鉱地帯を、南部ハンガリー方面ではドナウ川流域を要求した。東部はウクライナ南部にあたる地域でウクライナ語圏であったが、住民がスロバク系に近いという強引な理屈をつけて要求した。[1]チェコスロバキアの過大な要求もポーランドのそれに似て、独立を果たした少数民族が必ずしも他の民族に寛容ではないことを示す好例であった。しかしチェコスロバキアの指導者にはその要求を正当化する十分な理由があった。

「（彼らは）そうした要求を正当化する多くのロジックを持っていた。自由を愛し、冷静で、勤労精神を持つ民族の輝かしい過去の実績があった。周囲の劣った民族がみなボルシェビキに屈服している中にあって戦い続けたという厳然たる事実があった。そして彼らには最も文化的に進んだスラブ系という自負もあった。（中略）ベネシュは、チェコスロバキアの人々は、（将来にわたって）ドイツの脅威から民主主義を守る特別な使命があるとまで主張した[2]」

ベネシュの要求が過大であることは多くの人々が気づいていた。国境問題に詳しいアメリカ代表団専門委員だけでなく、ロイド・ジョージ英国首相までも不安にさせていた。しかし連合国の空気はチェコスロバキアに同情的であっただけにベネシュの要求のほとんどを容認した。ベネシュは連合国首脳を安心させるために、抱え込むことになる少数民族への配慮を約束した。民族独自の教育の容認、信教の自由、人口に比例した議員数などであった。そして第二のスイスとなり民主主義の構築の礎になると約束した。連合国はナイーブにもこれを信じた。当時、それを疑う積極的な理由はなかった。

その結果チェコスロバキアは世界第一〇位の工業力を持つ強大な力を持つ大国としての姿を現した。もちろんそれはオーストリア・ハンガリー帝国の持っていた工業力の七割から八割を奪取したものであった[3]。人口およそ一四〇〇万。三分の二はチェコ・スロバク両民族系であったが、三〇〇万のドイツ系、七〇〇万のハンガリー系（マジャール系）、さらに少数のポーランド系も抱え込んだ。この国はドイツ、オーストリア、ポーランド、ハンガリーと国境を接することになったが、どの国も領土を奪われた恨みの気持ちを持ち続けた。

注

（1）MacMillan 前掲書、p234.
（2）同右、p235.
（3）Buchanan 前掲書、pp90–91.

第一四節　連合国の裏切り

一九一九年一月二二日、英国首相ロイド・ジョージは連合国首脳の協議の場でドイツに対する賠償金支払い検討の専門部会設置を提案した。フランスもドイツからの賠償金獲得に熱心であっただけに直ぐに賛成した。英仏は賠償金に自国兵士への離職手当や退役年金のコストまでも含めるよう要求した。この動きに賠償問題に関わる法律アドバイザーとして会議に参加していたジョン・フォスター・ダレス（後のアイゼンハワー政権の国務長官）[1]は強い懸念を持った。ウィルソン大統領もダレスと同様の考えだった。

「（我が国は）戦争コストを賠償金の計算に入れることには反対だ。そんなことをすれば我々が敵国（ドイツ）に期待させた条件を裏切ることになる[2]」

ドイツを休戦に誘い込んだウィルソンが取るべき当然の態度だった。しかし対独復讐心に燃える英仏首脳を前にして、ウィルソンはたちまちその立場を変えた。ウィルソンは専門家たちの反対意見があっても聞き入れず、英仏の要求を容認してしまった。

ウィルソン大統領の十四カ条の和平提案を信じて休戦を求めたドイツへの裏切りはベルサイユ条約第二三一条で明確に現われた。連合国とその国民が被った損失と犠牲の原因は全てドイツの侵略行為に起因するとする第二三一条は「戦争犯罪条項（War Guilt Clause）」と呼ばれる。この条約に署名を命じられたミューラー外務大臣は卒倒して意識を失ったと書いた。現代の史家でさえも第一次世界大戦の原因をピンポイントで説明できない。それにもかかわらずベルサイユ条約ではドイツに全責任を押し付けた。ミューラーが倒れたのもこれが原因であった。「この条項は根本的にフェアでないと見なされ、全てのドイツ人の心に深い恨みを残すことになった(3)」のである。

英仏の要求は、ドイツの支払い能力を全く考慮しないものであった。アメリカの交渉実務担当者はこの要求に三ケ月間にわたって抵抗した。しかし結局はウィルソン大統領もその代役を時に務めたマンデル・ハウスも、英仏の要求を容認した。これこそがアメリカ外交の大きな失敗であり、後のナチス台頭の原因であった。歴史修正主義の大家チャールズ・タンシル（ジョージタウン大学教授）はその著書『Back Door to War』（原著初版一九五二年）で次のように批判している。

「ウィルソン大統領は英仏の要求に屈した。この事実こそが（後に）アドルフ・ヒトラーの主張を呼び込むこととなった。ヒトラーは連合国の態度がいかに不道徳であったかを訴えナチスの社会運動に利用したのである(4)」

ベルサイユ条約調印の時点では賠償問題委員会はドイツの賠償金額を決定出来なかった。この数字がおよそ三三〇億ドルと決まったのは一九二一年のことである。三分の一が、連合国に与えた物理的損害、半分から三分の二が復員兵らへの年金などに関わる費用であった。ドイツの支払い可能金額は一〇〇億ドル程度と見込まれた。ウィルソンが英仏の強欲に屈したことで、賠償金額は大きく膨らんだ。ウィルソンは荒廃した敗戦国ドイツにシャイロックのようにたかる英仏両国にはからずも加担したのである。(5)

注

（1）ジョン・フォスター・ダレスの講和会議参加の経緯についてはスティーブン・キンザー『ダレス兄弟――国務長官とＣＩＡ長官の秘密の戦争』（渡辺惣樹訳、草思社、二〇一五年）に詳しい。
（2）Charles Callan Tansill, Back Door to War : The Roosevelt Foreign Policy 1933–1941, Greenwood Press, 1975（原著は Henry Regnery Company により一九五二年出版）, p12.
（3）Tansill 前掲書、p13.
（4）（5）同右、p14.

第二章　第一次世界大戦後の歴史解釈に勝利した歴史修正主義

第一節　ケインズの絶望と反発

現代では誰でもその名を知る経済学者ジョン・メイナード・ケインズ（一八八三年生れ）は第一次世界大戦勃発時には、ケンブリッジ大学（キングズカレッジ）で活躍する経済学者であった。大戦中イギリス大蔵省はその彼にアメリカからの資金調達実務を任せた。ベルサイユ会議ではドイツ賠償金問題を検討する委員の一人に任命した。

彼は、この戦いで連合国軍の大きな被害は理解していたが、「会議は正義のある、野蛮ではない（less uncivilized）」[1]結論になると期待した。それだけに英仏の復讐心が会議の大勢を支配すると強い危機感を持った。「ドイツを飢えさせてその息を絶えさせるようなことがあってはならない。またオーストリアにはより寛容であるべきだ」[2]と主張した。

ケインズは確かに母国の勝利を願ってはいたが、港湾封鎖によってドイツやオーストリア国民を飢えさせるやり方には批判的であり、封鎖は解くべきであると休戦以前から訴えていた。独墺国民の窮状を知っているケインズは、連合国の賠償要求はヨーロッパの恒久的和平構築の障害となり、ヨーロッパ大陸をより悲惨にするであろうと憂慮した。

イギリス大蔵省の専門委員はパリ市内のホテルマジェスティックを宿としていた。しかし彼は精神を病みホテルを抜け出してしまう。彼が籠ったのはパリ西方のブーローニュの森の中の村であった。彼が母に宛てた手紙が残っている（一九一九年六月三日付）。

「私は一日の半分以上ベッドに入っています。ベッドから出るのは大蔵大臣、（南アフリカの）スマッツ首相あるいはロイド・ジョージ首相に呼び出され、意見を述べる時だけです。先週も、もう望みはないと確信し、また寝込んでしまいました[3]」

南アフリカのヤン・スマッツ首相は唯一ケインズの懸念に理解を示した首脳だった。しかし彼も復讐心に満ちた会議の大勢を変えることは出来なかった。ケインズはこの会議の行く末に絶望するとロイド・ジョージ首相に辞意を伝えた（一九一九年六月五日）。

「私はこの土曜日（六月七日）付で辞任致します。この悪夢の場から退場します。私がここで出来ることはもはや何もありません。私は戦いに敗れました[4]」

辞任したケインズはイギリスに戻った。二人の友人（ヴァネッサ・ベルとダンカン・グラント）が所有するチャールストン（イーストエセックス州）にある農家に身を潜めた。パリで病んだ精神は故国に戻るとたちまち回復した。彼はそこでベルサイユ条約を批判する書を一気に書きあげた。『平和の経済的代償（The Economic Consequences of the Peace）』と題された書の主張は、「復讐心に満ち、ドイツを未来永劫にわたって窮乏化させようとする（連合国の）熱き感情は（あらたな）『ヨーロッパ内戦（European Civil War）』を惹起するだろう」と強く警告するものであった。[5]

ケインズはベルサイユ会議への激しい怒りを示すかのように一九一九年一一月にははやくも出版社（マクミラン社）に原稿を持ち込んでいる。翌月には出版となった。もちろん英国メディアは反発した。「〝ドイツは獣〟プロパガンダ」を担っただけに当然の反応だった。[6]「軍国主義的なメディアは、ケインズは親ドイツである、とにかくドイツは懲罰することが正しい」と主張した。ロイド・ジョージ首相はケインズを「国家に不忠義」だと批判した。[7]

しかし世間はケインズの主張に耳を傾けた。一九二〇年四月までに英国では一万八五〇〇部、米国では七万部が売れた。他の言語にも翻訳された。フランス語、フラマン語（北部フランス、ベルギーでの言語）、蘭語、イタリア語、ロシア語、ルーマニア語、スペイン語、日本語、漢語の版が出た。この年の六月までの世界の売り上げは一〇万部を超えた。もちろんドイツ語版も出た。[8]これによってケインズの名声と主張がイギリスだけでなくヨーロッパ大陸をはじめとした世界各地に広がった。

『平和の経済的代償』はもちろん歴史書ではない。しかし、連合国首脳の都合のよい第一次世界大戦の原因の解釈とベルサイユ体制の「高邁な」意義に真っ向から対立する歴史観を提示する書であった。第一次世界大戦を総括するオフィシャルな歴史観を否定する「歴史修正主義」史観の嚆矢となった。

注

（1）Nicholas Wapshott, Keynes Hayek : The Clash that Defined Modern Economics, Norton, 2011, p8.
（2）同右、p9.
（3）（4）（5）同右、p11.
（6）（7）同右、p13.
（8）同右、p14.

第二節　ウィルソンの挫折

ウッドロー・ウィルソン大統領は人種差別主義者だと書いた。また彼はドイツに、十四カ条の平和原則を通じて暗に講和の条件を提示し、ドイツ指導者と国民にフェアな戦後処理を期待させたがそれを裏切った。そうでありながら本気で世界に恒久的平和を構築したいと考えていたようだ。

先に書いたように彼は国民に対して参戦の道徳的意義を説いた。世界をより平和にするための戦い、アメリカ的十字軍の戦いに命を惜しむことがあってはならない。それが彼の主張だった。「全ての戦争を止めさせるための戦争（the war to end all wars）」がアメリカ参戦のスローガンであった。ウィルソンは「勝利なき平和（peace without victory）」であるとも主張し、懲罰的でない講和条約を期待させた。しかしそれがベルサイユ条約でなし崩しにされた。

そうでありながら、ウィルソンは戦争を抑止する国際機構創設の望みは捨てなかった。機構の中心に座るのは当然に「十字軍」を派遣したアメリカでなくてはならなかった。「アメリカこそがこの世界で唯一理想を求める国である」[1]。ウィルソンは恐らく自身のこの言葉を心底信じていたに違いない。

彼はベルサイユ条約第一〇条を自ら起草した[2]。その日本語訳が以下である。

「聯盟国は、聯盟各国の領土保全とその独立を尊重し、外部からの侵略に対して擁護する。侵略行為あるいはその脅威や危険性が認められる場合、聯盟理事会は適当な手段を提示し、その手段によってここに規定される義務を履行する」[3]（翻訳筆者）

パリから帰国したウィルソンは条約批准権限を持つ上院でこの第一〇条の意義を強く訴えた。

「第一〇条こそが本条約全体の背骨だと考えている。これがなければ聯盟は影響力は保持するとはいえ、単なる討論組織以外の何物でもなくなるだろう」[4]（上院外交委員会での一九一九年八月一九日発言）

ウィルソンはこの条項さえあれば他国の犠牲を強いる単独戦争行為は防げると信じた。

しかし、そのように考えるものは上院では少数派であった。聯盟構想に反対を唱えた議員の筆頭が上院外交委員会委員長のヘンリー・カボット・ロッジ（共和党、マサチューセッツ州）だった。他国の領土や政治的独立を保全する義務をアメリカが負うこと、つまり外国の紛争への介入を義務付けることになるこの条項は開戦権限はワシントン議会にあるという憲法に違反する。それが彼のロジックであった。

ウィルソンは上院における反対意見が強いことを直ぐに悟った。当時の上院は、前年（一九一八年）の中間選挙で民主党は敗北し少数派に転落していた（共和党四九、民主党四七）。民主党員でさえも、第一〇条に納得できない議員が多かった。ウィルソンは、この劣勢を挽回するための修正案検討さえ拒否した。彼は、国民に直接訴え、世論の力を利用して反対する上院議員にプレッシャーをかけることに決めた。大統領は次のように恫喝とも取れる言葉で国民に訴えた。

「今次の戦いはようやく終わった。われわれはありとあらゆる恐怖を経験した。しかし、もし次の戦いがあるとしたらその戦いの悲惨さはとんでもないものになろう」

「（第一〇条が認められなければ）神は復讐するだろう。次なる戦いでの我が国の犠牲者はもはや数十万単位ではなく、数百万単位となろう（5）」

ウィルソンの始めた全国遊説は彼がたった一人で始めた国内の十字軍であった。しかし、一九一九年九月二五日、コロラド州プエブロの演説後に激しい頭痛を訴えた。側近の判断で全国遊説は中止となった。その後は大統領として機能するための健康を回復できなかった。彼は戦いに敗れた。条約批准を問う上院の議決（一一月一九日）で批准に必要な三分の二の賛成を得ることができなかった。

アメリカ上院の反対の主たる理由は確かに第一〇条にあった。しかし、ケインズが絶望したように第一次世界大戦へのアメリカの参戦がもたらしたベルサイユ体制が、正義に欠けたものであり、その結果もたらされた和平が座りの悪いものであったことに上院議員たちもアメリカ国民も気づいていた。「ヨーロッパ大陸の揉め事に介入するな」と言う建国の父たちの遺言が正しかったらしいことを身をもって感じていたのである。

注

（1） Robert S. McNamara and James G. Blight, Wilson's Ghost : Reducing the Risk of Conflict, Killing and Catastrophe in the 21st Century, Public Affairs, 2001, p4.

（2） 同右、p6.

（3） 公式訳は以下である（ひらがな部分の原文はカナ）。

第一〇条　領土保全と政治的独立

聯盟国は、聯盟各国の領土保全及現在の政治的独立を尊重し、且外部の侵略に対し之を擁護することを約す。右侵略の場合又は其の脅威若は危険ある場合に於ては、聯盟理事会は、本条の義務を履行すべき手段を具申すべし。

しかし後半部分の翻訳は不正確で原文のニュアンスと違うので改めた。英語原文は以下である。

The Members of the League undertake to respect and preserve as against external aggression the territorial integrity and existing political independence of all Members of the League. In case of any such aggression or in case of any threat or danger of such aggression the Council shall advise upon the means by which this obligation shall be fulfilled.

（4）McNamara & Blight 前掲書、p7.
（5）同右、p8.

第三節　歴史家シドニー・フェイのベルサイユ条約体制批判

歴史家シドニー・フェイ（一八七六年―一九六七年）が、『第一次世界大戦の起源』[1]を発表したのは一九二八年のことであった。フェイはワシントン生まれのアメリカ人歴史家であり一九〇〇年にハーバード大学で博士号を取得すると、ソルボンヌ大学（パリ）とベルリン大学で学んだ。[2]米国に帰国するとダートマス大学、ハーバード大学そしてエール大学で教鞭をとった。

フェイは、それまで精査されていなかった各国政府関係書類を精査し、学問的に第一次世界大戦の原因を追った。イギリスのプロパガンダ情報には距離を置いた。その成果が『第一次世界大戦の起源』であった。ドイツに留学し、ドイツ史にも詳しいフェイの研究は、一九一四年六月二八日のオーストリア皇太子フェルディナントの暗殺の責任はひとえにセルビアにあり、その責任を追及するオーストリアにドイツが加勢したこと。セルビアを支援するロシアがまず軍の動員をかけたこと。動員解除のドイツの要請を拒否したのはロシアであり、ロシアの態度を煽ったのがフランスであったこと。いつまでも態度を鮮明にせず、体裁だけの仲介に終始し、どちらの陣営にも期待を持たせながら最後に露仏側についた英国の外交政策は失敗であったこと。フェイはこのように第一次世界大戦の事件の連鎖を学問的に分析してみせた。次ページの諷刺画は事件の連鎖を皮肉ったものである。左端には事件の発端を作ったセルビアが描かれ、順にオーストリア、ロシア、ドイツ、フランスと続く。次第に事件が拡大していくさまがわかる。右端には、態度を曖昧にして戦争を避けることをせず逆に世界戦争にまで拡大させてしまった英国が描かれている。本来ならこの後ろには、その愚かな英国に加担したアメリカの姿もあってしかるべき諷刺画である。

この画は、連合国とその国民が被った損失と犠牲の原因は全てドイツの侵略行為に起因すると規定したベルサイユ条約第二三一条がいかに不正義であるかを如実に示している。ここに現われている事実関係の学問的根拠をフェイは提示した。英米のメディアは、フェイがドイツ通であり、ベルリンでも学んでいる経歴を捉えて、ドイツを贔屓していると批難した。しかし、彼の誠実な研究成果を無視できなかった。「フェイの書は大戦後のドイツに対する（アメリカ国民の）態度を修正するのに大きな影響力となった[3]」のである。

フェイの『第一次世界大戦の起源』は、連合国各国が国民に植え付けたかった「ドイツ単独

図5　第一次大戦の事件の連鎖を諷刺した画

悪者説」に挑戦する「歴史修正主義」の書として広く国民に浸透していった。

「ベルサイユ条約では、あの戦争の責任はドイツとその同盟国にあると断罪した。いま明らかになった証拠に鑑みれば、その判断は間違っている（unsound）。従って、その解釈は修正されるべきである」

「しかしながら、ドイツ（単独）責任論は連合国内に広く浸透している。関係諸国がその公式見解あるいは法的解釈を変えるかと言えばそう簡単ではなかろう。従って、まず歴史研究者の手によって歴史修正がなされなければならない。そしてそれを世論に訴えることが必要だ(4)」

これがフェイの結論であった。

注
（1） Sidney Bradshaw Fay, The Origins of the World War, 2 Vols., Macmillan, 1928.
（2）（3） 出典はエンサイクロペディア・ブリタニカ。http://www.britannica.com/biography/Sidney-Bradshaw-Fay
（4） Fay 前掲書。

第四節　歴史修正主義の勝利の原因　その一　ケインズの加勢

前節でフェイの書が連合国の公的な歴史解釈の修正に大きな影響力を持ったと書いた。同時にフェイはその書で、公的解釈の変更は容易ではないだろうとしていたことにも触れた。しかし彼の危惧は杞憂に終わった。世間に彼の解釈を後押しする空気が充満したからである。その空気の醸成にはいくつかのファクターが寄与した。

第一は、当時世界のそして特にアメリカの経済運営に大きな影響力をもったジョン・メイナード・ケインズによる激しいウィルソン批判であった。

第二は、ベルサイユ条約後に世界に和平を求める動きが活発になったことがあげられる。たしかにこの条約はドイツを一方的に断罪はしていたが、戦争に関わった全ての国があの戦いの悲惨さと甚大な被害に辟易し、それが和平構築つまり軍縮の動きを活発化させた。フェイの歴史修正を訴える意見を冷静に受け止める空気が世界に充満していた。

第三は、対ドイツ賠償金要求の非現実性、非合理性がフェイの書が上梓される頃にはすでに明らかになっていたことである。つまりベルサイユ条約の不正義が世間の眼前に現実となって現われていた。

この三点については十分な考察が必要だ。本節ではまずケインズの果たした役割を分析する。フェイの書が世に出た翌年（一九二九年）の一〇月二八日、二九日両日に渡ってニューヨーク株式市場が暴落した。世界恐慌の始まりである。ケインズは、失業者が共産主義に魅せられることを恐れた。彼はストライキを連発する労働組合の存在を前にして、賃金の下方硬直性は変えようがないと判断した。とにかく赤字を恐れず政府支出を増やすこと、それが乗数効果を生んで失業者を減らし、完全雇用状態にすると訴えた。彼の主張は、財政均衡を重視する従来の考えと相いれなかったが、次第に受け入れられていくことになる。（筆者自身はケインズ経済学を支持しない。彼の主張に真っ向から対立したフリードリヒ・ハイエクの主張が正しいと考えている。ハイエクは市場の自律回復を信じる立場であり、政府の介入は全体主義につながると批判した。政治家にとって市場を信じることは辛い。熱を出して苦しむ患者に何もせず安静にして患者の自律回復を待てと主張する医者は、薬を処方したり注射や点滴で〔それが後に患者の健康に悪影響を与える薬であっても〕患者を楽にする医者に比べれば人気が薄いのと同じである。）

恐慌発生時の米国大統領はハーバート・フーバーであった。彼もケインズの主張する政策を恐る恐るという態度で採用した。一九二九年のアメリカの財政は若干の黒字だったが、翌年は赤字予算（〇・五％程度）を組んだ。一九三一年予算では四％の赤字を出すほどまで政府支出を増加させた(1)。

若干横道にそれるが、フーバー大統領とフランクリン・ルーズベルト(FDR)の関係を少しここで書いておきたい。フーバー大統領は一九三二年の大統領選挙でFDRに敗れて以来多くの著作を上梓している。彼が生前発表しえなかったFDR批判の書『裏切られた自由』(2)は二〇一一年にようやく歴史学者ジョージ・ナーシュの編集で世に紹介された。草思社から邦訳も近々刊行の予定である(翻訳は筆者)。ナーシュ氏はこの書は歴史修正主義の頂点に立つと評している。それだけにFDRを擁護する学者は苦虫を噛み潰し、彼らの得意とする「無視」を決め込んでいる。フーバー大統領は、FDR神話を信じる学者(釈明史観学者、御用学者)にとっては無能な大統領でなくてはならない。このことは歴史修正主義を正確に理解するためには忘れてはならない。

当時、財政赤字を覚悟することは政治家にとっては苦渋の決断であった。財政均衡が指導者の責任であった。そうでなければ政敵がそれを糾弾した。その典型が一九三二年の大統領選挙の際の民主党候補FDRの演説であった。FDRの選挙期間中の公約は「国家予算を最低でも二五パーセント削減する(3)」であった。政府支出を漸増させていたフーバー政権を「平和時における史上最悪の無駄遣い政権だ」と罵った。FDRの訴えは具体的には次のようなものであった。

「どれほどうまく取り繕っても、（無駄遣いの法案を）隠すことはできない。財政赤字を止め、借金を止める勇気。今こそそれが必要なときである」(4)

ＦＤＲが、フーバー大統領の恐る恐る始めたケインズ的経済運営をこれほどまでに詰っていたことは「正史」には書かれない。当選後には、選挙公約を見事なまでに裏切って、国家財政を火の車とし、ケインズ的経済運営手法を積極的に導入したのが借金王と呼ばれることになるＦＤＲだった。フーバーを無能な大統領と貶め、ＦＤＲを賛美する歴史家はこの事実を書こうとしない。いわゆるスルーしているのである。

一九四〇年の大統領選挙でも、「若者をけっして戦場には送らない」と公約して三選を果たしたＦＤＲは、嘘を平気でつける大統領であった。歴史修正主義に立つ歴史家はこうした事実を淡々と捉え、それを素直に解釈するだけでよい。隠し事をしたり強引な解釈をする必要はない。「正史」を信じる歴史学者が歴史修正主義の歴史家を嫌うのは、隠そうとしてきた事実を白日の下に晒される痛みに耐えられないからである。

さて、一九三二年の大統領選に勝利したＦＤＲにケインズが接触したのは一九三三年初めのことである。ケインズには後に有名になる一般理論（『雇用、利子、お金の一般理論』〔一九三六年〕）発表前に書き上げた『繁栄への手段（The Means to Prosperity）』という論文があった。それをルーズベルトに送付した。一九三三年一二月三一日付のニューヨーク・タイムズ紙上に、

ＦＤＲ宛ての公開書簡を発表し、ケインズ政策の積極的な導入を訴えた。

公開書簡の発表をケインズに勧めたのは、後にＦＤＲ政権に多くの教え子を若手官僚として送り込んだユダヤ系法学者フェリックス・フランクファーター（ハーバード大学法学部教授）であった。フランクファーターの送り込んだ弟子たちは後にブレイントラストと呼ばれることになる。

ＦＤＲは選挙公約とは真逆のケインズ政策を取った。その嚆矢となる法律は早くも一九三三年六月に成立した。全国産業復興法と呼ばれる法律である。最低賃金の制定、民間分野での独占や価格操作などを容認するとともに、公共事業局（ＰＷＡ：Public Works Administration）を設立し、公共事業を積極的に開始した。

ケインズ理論の実践を始めたアメリカ大統領を、ケインズ自ら訪問したのは一九三四年五月二八日のことである。この日の夕刻、宿泊するワシントンのメイフラワーホテルを出たケインズは午後五時一〇分にホワイトハウスに入った。オーバルオフィスでの大統領との会談は、およそ一時間続いた[5]。

もちろん大学（ハーバード大学）では経済学を学んだこともなく学問的には優秀でなかったＦＤＲがケインズ理論の本質を理解できるはずもなかった[6]。しかし、彼の勧める政策を実行すれば大統領権限の拡大に有利であることには直ぐに気づいた。ＦＤＲは権力の強化には類稀な才能を備えていた。

少し話がそれたが、この節で強調したいのは、ケインズがFDR政権初期から既にアメリカでも大きな影響力を持つ経済学者となっていた事実である。この経済学者は、先述のように、ウィルソン大統領を激しく非難していたし、それを訴える書『平和の経済的代償』はアメリカでも広く知られていた。従って、ケインズの訴えるベルサイユ体制の不正義、そしてそれに起因するベルサイユ体制の座りの悪さを、アメリカの指導層や国民が十分に理解していたことがわかる。メディアは彼のウィルソン批判を喜んで取り上げていた(7)。

アメリカ国民は、シドニー・フェイの学術書やケインズのウィルソン批判で、第一次世界大戦の勝者（連合国）が作り上げたかった「ドイツ単独悪者説」を疑った。第一次世界大戦の解釈については、政府公式見解を否定する歴史修正主義が勝利していたのである。

当時のウィルソン批判がどれほど厳しいものになっていたかは以下の記述からも明らかである。

「ウィルソン大統領がワシントンを発って（パリに）向かった時には、大統領はその威厳を見せ、世界に向けて説教を垂れる立場を満喫した。（中略）ヨーロッパの人々は、大統領はアメリカ文明の母国のようなヨーロッパの傷を癒しにやってきたと期待した」

「（しかしウィルソンの道徳的正直さは連合国の復讐の叫びの中に消え去った。）ヨーロッパの人々のウィルソンへの幻滅はあまりにも強かった。特に彼を信じていたものは彼のことを話題にすることさえも拒否した。いったい大統領はどうしてしまったのだ。これほどの裏切りは何故起きてしまったのだ、と嘆いたのである[8]」

注

（1）Robert Murphy, Did Hoover Really Slash Spending?, Mises Daily, May 31, 2010.
（2）Hoover 前掲書。
（3）（4）フィッシュ前掲書、三三一―三四頁。
（5）（6）Wapshott 前掲書、p161.
（7）（8）同右、p155.

第五節　歴史修正主義の勝利の原因　その二　和平を世界が希求した時代

前節では、歴史修正主義の勝利にケインズの果たした役割を書いた。この節では、当時は世界のどの国の指導者も、ベルサイユ条約の不正義とは無関係に、戦いに辟易していた事実を書いておきたい。その空気はアメリカ国民にあの戦争を冷静に解釈させることに役立っていたからである。

膠着状態の中で次々と投入される新型兵器（戦車、毒ガス、航空機）により各国は多くの有為な若者を失った。例えば戦後のフランスは勝利国であるにもかかわらず激しく左傾化し、経済も停滞した。優秀な若者の多くを一世代そっくり失ったことがその原因とされている。

戦後の和平ムードを盛り上げる中心となったのはアメリカ共和党政権であった。ウィルソン大統領は心臓発作（一九一九年一〇月二日）で実質的に大統領の職務を耐えられなくなっていた。（一九二四年二月三日に心臓疾患で死去。）一九二〇年の大統領選挙で民主党候補となったのはオハイオ州知事であったジェイムズ・コックスだった。コックスはランニングメイト（副大統領候補）に若き海軍次官フランクリン・デラノ・ルーズベルトを選んだ。FDRの演説の巧さをかった起用だったが、そんなことではどうしようもないほどに民主党の人気は翳っていた。ヨーロッパ大陸での戦いに参戦したいとするウィルソンを後押しした熱狂的世論はもはや消えていた。参戦の大義を信じてはいなかった。一九二〇年の選挙結果が如実に民主党の不人気ぶりを示していた。

共和党の立てたウォレン・ハーディング上院議員（大統領候補）、カルヴィン・クーリッジ（マサチューセッツ州知事、副大統領候補）のコンビに民主党は惨敗した。選挙人の数では四〇四対一二七、一般投票では六〇％対三四％というダブルスコアに近い負けっぷりだった。民主党が制したのは南部州だけだった。同党は南部の人種差別強化を主張する旧来型の地域政党に戻ったのである。

大統領となったハーディングは、国務長官に元最高裁判事のチャールズ・ヒューズを起用し、世界の軍縮の音頭をとらせた。

一九一八年一一月一一日の休戦以来、英米日三国は海軍の拡張を続けていた。大戦の惨禍の記憶が新しい中で、この動きに待ったをかける動きを見せたのが、ウィリアム・ボーラ上院議員（アイダホ州、共和党）だった。ボーラ議員は、アメリカの国際聯盟参加を拒否する立場をとったものの勝利国となった国々は軍縮すべきであり、その音頭をアメリカが取らなくてはならないと訴えた。

ボーラ議員は大戦後の世界の海を支配する三つの国（英米日）の建艦競争を非難し、国民の税負担を和らげるために、各国は軍需産業から国民の生活を豊かにする産業への転換を目指すべきだと主張した。

ボーラ議員が上院に三国の軍縮案（Borah Resolution）を上程したのは一九二〇年の一二月のことだった。建艦競争の主役となっている三国は五年間で海軍力を半分にするという内容だった。この主張は、「戦いに疲れたアメリカ国民だけではなく世界の人々の心の琴線に触れた」[1]。アメリカ議会はこの決議案を通過させ、翌年の海軍歳出法（一九二一年七月）に反映させた。海軍予算の削減を決めたのである。英国は、従来から世界の海上覇権を維持する方針があったがロイド・ジョージ首相はアメリカの方針に従う姿勢を見せた。英国海軍は苦虫を嚙み潰したが世論が首相を後押しした。ロイド・ジョージ首相は英米日三国の軍縮だけでなく、より多くの国にそれを求めることを提案した。日本は、英米両国が日本だけを苛め片務的な軍縮になることを警戒したが結局交渉への参加を決めた。

英国の主張を受けて、上記三国に加え、中国、イタリア、ベルギー、オランダ、フランス、ポルトガルが加わった。ワシントンに集まった各国代表団は、休戦記念日である一一月一一日にアーリントン国立墓地の慰霊祭に参加した。この翌日から本格的な会議（ワシントン海軍軍縮会議）が始まった。ヒューズ国務長官はそれまで具体的な軍縮案の提示を意図的に控えていた。会議は彼の提案で幕を開けた。

国務長官は、ワシントンの憲法記念館（Constitution Hall）でその方針を発表した。その内容は、各国代表だけでなくワシントン議会議員や四〇〇人にも及ぶジャーナリストを驚かせた。漠然と軍縮の必要を訴えるのではなく、世界全体で六六隻の戦艦を廃棄すべきだと具体的に提案したのである。その中には、すでに建造が始まっていた四隻の英国超弩級戦艦（口径一二インチを超える主砲を備えた戦艦）や、進水したばかりの日本海軍戦艦「陸奥」までも含まれていた。

「ヒューズは三五分の演説で、世界の提督が束になってもかなわないほどの戦艦を沈めた[2]」と後に評されたほどであった。彼のスピーチは各国の海軍関係者を驚かせ眉を顰めさせたが、会場は興奮の坩堝となった。スピーチを聞き終えた聴衆は立ち上がり足を踏み鳴らし、拍手と歓声が会場に満ちた[3]。

会議は終始この興奮を引きずるように進み、翌年にはワシントン海軍軍縮条約の調印がなった（一九二二年二月六日）。こうして全世界的な大幅な海軍の縮小が現実のものとなった。「主要国は好きなだけ軍拡を進める自由を自発的に放棄し[4]」た。結果は次のようなものだった。

	各国戦艦保有比率	廃棄すべき合計排水量（万トン）
米国	五	およそ五〇
英国	五	およそ五〇
日本	三	およそ三〇
フランスおよびイタリア	一・七五	およそ一七・五

これがワシントン海軍軍縮会議の概要であるが、この会議は外交史を学ぶ上でのエピソードに溢れている。日本の外交暗号はアメリカ側に完全に解読されていたこと、この会議と同時並行的に行われていた日中間の交渉では、アメリカ国務省の若手外交官が中国に加担し日本はドイツから引き継いだ山東省利権を放棄したこと、日本海軍のシンボル的存在であった陸奥は解体を免れたが、その代償として英米は太平洋方面の軍港機能を温存させたことなどである。本書ではこうした点の詳細には立ち入る余裕がないが、この会議が歴史家の興味を惹くものであることは間違いない。

いずれにせよ、ワシントン海軍軍縮会議は成功裏に終わった。この後も軍縮のムードは継続した。日本陸軍の宇垣一成（加藤高明内閣陸軍大臣）による陸軍削減（宇垣軍縮、一九二五年）もこの世界の流れに沿ったものであった。一九二七年にはクーリッジ大統領がジュネーブ海軍軍縮会議を提唱し補助艦船の制限を協議させた。補助艦船保有量の制限は一九三〇年のロンドン海軍軍縮会議で最終的に決定した。

一連の軍縮条約の成立は世界の世論が冷静だったことを示す証左だった。各国の指導者が軍関係者の反対を抑えきることができたのはそうした世論が背景にあったからだった。フェイが唱えた歴史修正の主張を受け入れる理性が健全に機能していたことを示している。

注

(1) George C. Herring, From Colony to Superpower : U. S. Foreign Relations since 1776, Oxford University Press, 2008, p452.
(2)(3)(4) 同右、p454.

第六節　連合国借款返済停滞への怒り

第一次世界大戦で費消された富の額は膨大であった。一九一三年の価値をベースに計算すると交戦国全体で八一〇億ドルであったと試算されている。[1] この数字の意味を肌で理解するのは難しい。しかし、この金額は世界中にある全ての鉄道網をもう一度作り直してもなお使いきれず、余ったお金でアメリカ全土の鉄道と同じ規模のものを再び建設できるほどであった。[2] この数字を分析した専門書があるがその中では次のようにも記述されている。

「一九一四年のイギリスの国富の総額はおよそ七〇〇億ドルであった。英国を構成するイングランド、ウェールズ、スコットランド、アイルランドにある全ての財産つまり鉄道、国内や世界各地に作った港湾設備、海軍、工場、炭鉱、錫や鉄鉱石など、要するにありとあらゆるイギリスの財産の合計が七〇〇億ドルであった[3]」

どれほどの富が戦争に浪費されたかが手に取るようにわかる数字である。

連合国は軍需品の調達をアメリカに頼った。英仏露三国は、ブーローニュ合意（Boulogne Agreement, 一九一五年八月）に沿って各国の保有する金（ゴールド）をプールし、それを米国からの調達の担保にした。米国関係者との交渉は英仏両国が担った。先に書いたようにケインズはこの交渉団の一員であった。

英国大蔵省は民間が所有する対米債券（鉄道債など）を英国政府債券と強制的に交換させた。このような手法でまとめ上げた米国債券が軍需品の調達原資となった。アメリカ側で調達実務作業を担当したのがＪＰモルガンである。この銀行が一括して各企業との個別契約を請け負った。

「ソンムの戦いのあった一九一六年夏、ＪＰモルガンは英国政府に代って一〇億ドル以上の買い付けを行った。この数字は戦争前年のアメリカの全輸出金額を上回る数字だった[4]」

ソンムの戦いはフランス北部ソンム河流域で行われ、英仏側、ドイツ側双方に六〇万を超える戦死や行方不明者を出した激戦であった。上記の記述から、アメリカが英仏露の軍需工場と化し、その過程でニューヨークの国際金融会社や各地の軍需品製造会社が大きな利益を得ていたことがよく理解できる。

アメリカの全交戦国に対する債権の総額は一九一八年一一月の休戦時点で七〇億ドルであった。休戦後も再建に使われる費用を融資したこともありさらに三〇億ドルの上積みがあった。合計一〇〇億ドルの債権は、借りる側からみれば戦争債務であった。莫大な借金の減額を望む声はすぐに上がった。彼らは、アメリカの参戦でドイツに勝利できたことはたちまち忘れ、アメリカの一人勝ちを詰った。

「戦争は民主主義を守るための人類普遍の目的のためだったのではないか。その戦争で一国だけが利益を貪って良いのか[5]」

避けられたはずの戦争を起こし、繰り返された早期講和の提案を拒否し戦費を拡大させた責任など気にも留めない物言いだった。アメリカ建国の父たちはヨーロッパの戦争に関与するなと言った理由がこれであった。アメリカ自身にも間接的責任はある。連合国の資金が尽きた時点で、武器の供給を止めていれば、つまり軍需品の販売にアメリカ政府が信用供与していなければ、早い時期での講和になった可能性があった。アメリカはそれをしなかった。彼らも強欲であったのだ。

アメリカは、借金の返済を金（ゴールド）で求めた。債務国がそれを実現するためにはアメリカへの製品輸出が必要だったが、当時のアメリカはまだ保護貿易主義をとっていたから、それも難しかった。アメリカは対独戦をともに戦った頼れる「アンクルサム」ではもはやなく、強欲に借金返済を迫る「アンクルシャイロック」と化した。

アメリカ国民にとって債務国の主張は受け入れがたかった。どんな理屈があれ、ヨーロッパが勝手に始めた戦争であり、そのためにアメリカの若者が命を捨てる羽目になった。国民は、ヨーロッパ諸国はしっかりと借金を返済すべきだ、との態度をとるハーディング政権を支持した。

このような状況の中で、ワシントン議会は世界債務委員会（World War Debt Commission）を設置（一九二二年二月）し、国別に返済計画交渉に当たった。各国の返済能力を考慮しながら一五の国との間で個別返済計画を策定した。個々に違いはあるが計画の基本は、利子率二％強、返済期間六二年というものであった(6)。

債務国は、この返済にドイツからの賠償金（これについては次節で詳述）を充てることを考えていた。もちろん米国は、この賠償金と債務返済をリンクさせていない。後述のようにドイツに課した賠償金は総額三三〇億ドルとなっていた。ドイツがこの債務を払えるはずもなく、一年も経たないうちにデフォルトした。賠償金を借金返済に充てようとしていた国々も苦境に陥った。

こうしてベルサイユ条約の不正義と不合理性はたちまち露見したのである。若者に命を投げ出させた上に、借金を踏み倒されることになったアメリカ世論もベルサイユ体制への疑いを強めた。第一次世界大戦の公式解釈に対する批判（フェイに代表される歴史修正主義）をアメリカ世論が容易に受け入れる素地が出来ていたのである。

注

（1）（2）（3）　Harvey E. Fisk, The Inter-Ally Debts : An Analysis of War and Post-War Public Finance 1914–1923, Bankers Trust Company, 1924, p1.
（4）　Tooze 前掲書、p38.
（5）（6）　War Debt Issue. http://www.u-s-history.com/pages/h1359.html

第七節　ドイツへの非現実的賠償請求

英仏両国のアメリカからの借金は莫大であった。英国は四七億ドル、フランスは四〇億ドルにも上っていた。フランスにはこれに加えてイギリスからの借款三〇億ドルがあった。(1)

ドイツに課する賠償金額を決める作業は困難を極めた。総額の決定作業だけでも難しく、その金額を決めてもその分配の数字を関係国に納得させなくてはならなかった。更にドイツからの賠償金を実際に配分する具体的なスキームも構築しなくてはならなかった。

賠償金の総額決定については、ドイツはそれなりの支払いを覚悟してはいた。ドイツはフランスやベルギーの戦場になった地域に与えた被害への補償に相当する額を想定していた。ウィルソンの提案した十四カ条の和平提案からすれば、賠償金が懲罰的になるとは考えてはいなかった[2]。

しかし英仏両国の恨みの感情はドイツの思惑をはるかに超えていた。戦費の全てを要求するという過酷なものだった。兵士調達に関わる費用も復員後の年金コストも何もかも含ませる。それが英仏の主張だった。英国は一二〇〇億ドル、フランスは二二〇〇億ドル。これがそうした考えで試算された数字だった。アメリカが提示した二二〇億ドルとは大きな隔たりがあった[3]。英国のロイド・ジョージ首相が年金コストなどを含ませることに拘ったのは戦場の被害だけの補償となれば、ドイツからの賠償金のほとんどが、フランスとベルギーへの支払いとなり、最大の戦費を負担した英国への実入りが極端に減るからだった。そうなれば英国民の納得が得られるはずもなかった[4]。

算定作業に加わっていたケインズは、ドイツの支払い能力の上限を一〇〇億ドルと試算していた。これ以上の数字を要求すれば国民は絶望し、革命を惹起させるだろう、そうなればヨーロッパ全体が危機に陥る。それが彼の強い懸念であった。しかし英仏両国首脳は聞く耳を持たなかった。これに絶望したケインズは体調を崩し結局は職を辞したことは先に書いた通りである。

連合国は、ドイツに対する賠償金総額をベルサイユ条約の中で決めることは出来なかった。第二三一条でドイツの戦争責任を明確にした後に続く第二三二条で、金（ゴールド）をベースにした兌換マルクでの支払いを決定しただけで、その額は賠償委員会が後日決定することとした。(5)

先にベルサイユ条約に署名した（させられた）ドイツ代表ミューラー外務大臣はホテルで卒倒したと書いた。賠償額の決まらない条約にサインさせられた屈辱がその理由の一つだった。彼は白紙小切手にサインさせられたのである。

一九二〇年には、連合国の配分比率がまず決まった。英国二二%、フランス五二%、残りは他の勝利国が分配することとなった。この翌年（一九二一年四月二七日）には総額一三二〇億ゴールドマルクが決定した。これはおよそ三三〇億ドルから三四〇億ドルに相当する金額だった。(6)ケインズが推算したドイツの支払い能力の上限一〇〇億ドルを大きく上回っていた。

但し、英仏の指導者がこの「怪物のような数字」(7)が非現実的であることを知らないわけではなかった。特にイギリスでは、ヨーロッパの安定にドイツの経済再建は不可欠であるとの考えも強かった。厳しい賠償金を支払うためにはドイツは輸出で稼がざるをえない。そうなれば世界各地でドイツ工業製品との競合になることは容易に予想できた。フランスはとにかく戦場となった町や村の回復のために絞れるだけ絞りたいという意志が強かったが、イギリスは非現実的な数字の本質をわかっていた。ただイギリスにしても、莫大な数字をドイツに要求したということを国民にみせるパフォーマンスが必要だったのである[8]。

注

（1）MacMillan 前掲書、p183.
（2）同右、p186.
（3）同右、p184.
（4）同右、pp190–191.
（5）第二三一条の原文は以下サイトで確認できる。http://net.lib.byu.edu/~rdh7/wwi/versa/versa7.html
（6）MacMillan 前掲書、p192.
（7）Sally Marks, The Myths of Reparation, Central European History, Vol. 11, No. 3, September 1978, p237.
（8）同右、p236.

第三章　ドイツ再建とアメリカ国際法務事務所の台頭

第一節　ドイツの抵抗とフランスの強硬策

ドイツはワイマール憲法を成立（一九一九年）させ、徴税システムも中央集権化し十分な税を確保できる体制を整えていた。それはドイツがそれなりの賠償金の支払いは覚悟していたことを示すものだった。[1] しかし最終的に決まった金額は想像を絶するものであった。賠償金の負担は、領土喪失よりも国民感情を刺激した。賠償金は国民すべてが背負わなければならないからである。[2] 国民のショックにさらに輪をかけたのはフランス占領地域で発生した黒人セネガル兵によるドイツ人女性に対する強姦事件だった。[3] 西部戦線にはフランス植民地であったアフリカのセネガルから黒人部隊が参加していた。過大な賠償金や強姦事件などを現実に目の当たりにしたドイツ国民のプライドは著しく傷ついた。同時にドイツが恒久的に三等国になり下がったのではないかと怖れた。

賠償金の第一回分（一九二一年の夏）は、ドイツは満額支払ったが、第二回分（同年一一月）、第三回分（一九二二年初）については部分的な支払いに留まった。それ以降は一九二四年末に後述のドーズプラン（アメリカ仲介による返済計画）決定まで支払いを止めた。[4] 支払い遅延に直面した関係諸国が対応を協議したが、妙案はなかった（ジェノバ会議、一九二二年四月―五月）。ドイツの賠償金支払いには外国からの借款が不可欠であるとの意見では一致をみたが、具体的な対応策を打ち出せないままに支払い遅延が続いた。ドイツ政府が賠償金支払い猶予を公式に求めたのは同年七月のことであった。

　ドイツからの賠償金が滞るとフランスはたちまち窮地に立った。ベルサイユ会議を仕切ったジョルジュ・クレマンソーは既にその職を辞していたが（一九二〇年七月）、一九二二年一一月一一日の休戦記念日にアメリカに向かった。賠償金問題についての処理にアメリカに影響力を発揮してもらうためであった。八〇歳をすでに超えた老政治家の最後の仕事だった。

　一一月二一日、彼はニューヨークで講演した。


「あなた方は何のために参戦したのか。ヨーロッパの民主主義を守るためではなかったか。アメリカはあの戦争で何を得たか（十分に儲けたではないか）」

「今あなた方は我がフランスを軍国主義だと批難する。しかし、我が国兵士が世界（の民主主義）を救うために戦っているときにはそんな物言いはしなかった。今ドイツは次の戦争を準備している。それを防ぐためには米英仏連合国が緊密に協力しなくてはならない[5]」


　この頃、英仏の復讐に肩入れしたウッドロー・ウィルソンは政治の表舞台から消え、政権は共和党（ウォレン・ハーディング政権）に移っていた。外交を担当するチャールズ・ヒューズ国務長官の態度は冷たかった。かつての同盟国であっても、ドイツ賠償金問題にもあるいは英仏の対米借款返済問題（猶予要請）についてもアメリカ政府は関与しないとの態度をとった。

ただ、ヒューズは財政専門家を、ドイツの賠償金支払い能力を精査する会議に出席させることだけは同意した(6)。新政権はウィルソン外交の過ちに早くも気付いていたのである。

ドイツの賠償金支払い遅延に業を煮やし、英米の協力もままならないフランスが強硬策に出たのは年が明けた一九二三年一月一一日のことであった。ベルギーの一歩兵部隊を含むフランス軍六万がドイツのルール地方を占領したのである。陸軍大臣アンドレ・マジノ自身もあの戦いで負傷していた。その復讐心で占領地域一帯を北フランスと同様に荒廃させるとまで主張していたが、フランスの真の狙いはこの地方の炭鉱を手中に収めることだった。賠償金を石炭という現物で強制的に確保することに決めたのである。

ルールのドイツ人住民は激しく抵抗した。炭鉱夫も鉄道員もフランスのために働くことを拒否した。憤ったフランス軍は鉄道従業員と公務員を占領地域から追放した。わずか数時間の猶予を与えただけで男も女も子供たちも退去させた。その数は一四万七〇〇〇人にも及んだ。その過程で命を失ったものは最低でも一二〇人にのぼった。フランスやベルギーの占領軍からすれば、自国民がドイツ軍に殺された数に比べればどうということもない数字という感覚であった(7)。

ドイツ政府はルール住民の抵抗を支援したものの物理的には何もできなかった。炭鉱地域を奪われたドイツは困窮した。インフレも加速した。税収も減った。ドイツは英米両国に仲介を懇請したがその反応は鈍かった。アメリカには、ベルサイユ体制で出来上がったヨーロッパのごたごたへの介入はこりごりだとの空気が満ちていた。米国では国内に親英、親仏勢力が拮抗していたため、政治的にも仲介の成功が確実でないかぎり政権は慎重にならざるを得なかった。

一九二三年夏になるとルール地方を飢饉が襲った。アドルフ・ヒトラーがドイツ国民の失われたプライドに再び火を灯す演説を始めたのはこの頃のことである。「ナポレオンのフランスはモスクワに侵攻して失敗した。今度のフランスはルールに侵攻して失敗する」。そう言ってヒトラーはドイツ国民のプライドを鼓舞した。(8)

八月には中道右派のヴィルヘルム・クーノ首相が辞任し、グスタフ・シュトレーゼマンに代った。社会民主党、中央党、民主党による大連立政権となった。シュトレーゼマンは対仏外交を含む外交方針を大きく変更した。米英政府に積極的に仲介を求める一方で、新ドイツ再建の積極的態度を示した。抵抗から協調へ舵を切った。

注

（1）Tooze 前掲書、p292.
（2）（3）同右、p289.
（4）Marks 前掲書、p238.
（5）（6）Tooze 前掲書、p441.
（7）同右、p443.
（8）同右、p450.

第二節　JPモルガンとドーズプラン

先にイギリス政府の資金調達を一手に引き受け巨利を得たのがアメリカのJPモルガンだと書いた。イギリスの大戦期のアメリカからの買い付けは「三十億ドルという天文学的数字に達し(1)」、JPモルガンは買い付け額の一%を手数料とした。イギリス政府の御用調達機関としての機能は単に金銭的利益をもたらしただけではなかった。同社に「政治的結び付きや企業との接触を深め(2)」させた。

買い付け実務に辣腕を振るったのはエドワード・ステティニアス・シニアであった。後のフランクリン・ルーズベルト(FDR)、ハリー・トルーマン両政権で国務長官となったエドワード・ステティニアス・ジュニアの父である。彼は一七五人の部下を文字通り酷使しイギリスの要請に応えた(3)。彼の活躍がドイツを敗戦に導いた大きな要因であったとも言える。「合衆国がかくも急速に軍事生産に転換できようとは、ドイツ参謀本部が想像だにできなかったことだった(中略)この結果、大戦終結時の合衆国の軍事生産能力は、英・仏両国を合計したものを凌ぎ、ステティニアスは、のちに有名になる軍産複合体制の父(4)」となったのである。

ドイツ政府(シュトレーゼマン)の仲介要請に米国は慎重だった。あくまでも関係各国からの強い要請があるまで動かないという態度だった。アメリカの重い腰をみてとった英国とドイツはそれぞれに手を打った。一九二三年一〇月には、英国が賠償委員会への米国の参加を正式に要請した。同年一一月には超インフレ政策をとっていたドイツ政府は新通貨（レンテンマルク）を発行し通貨の安定を図った。レンテンマルクをドイツの国家財産（金や土地）にリンクさせてその価値を担保させる建前をとった。それによって対ドルレートを固定させた。アメリカが仲介に入りやすい体制を用意した。

賠償委員会がアメリカに改めてこの委員会の専門部会への参加を求めたのは同年一一月のことであった。関係国の積極的な姿勢を確認したアメリカは、あらたな賠償スキームを検討する専門家を送ることに同意した。それでもなおアメリカ政府は慎重だった。カルヴィン・クーリッジ政権は、国内に孤立主義が戻ってきた空気を感じていたからである[5]。結局、官僚を派遣せず、民間人の専門家を遣った。

一九二四年一月から作業を開始した専門部会に参加したのはチャールズ・ドーズ、オーウェン・ヤング、ヘンリー・ロビンソンの三人だった。ドーズはハーディング政権では予算局長であり、フランス好きの人物だった[6]。ヤングは、GE（ゼネラル・エレクトリック）とRCAの会長であり、ロビンソンはカリフォルニアの銀行家だった。

ドーズが選ばれたのには訳があった。英仏は彼に恩があった。戦時中に英仏のために五億ドルの債券販売をJPモルガンとともに成功させた実績があったのである[7]。ドーズはJPモルガンの実力者トーマス・ラモントを筆頭とした銀行家の意見を聞きながら賠償スキームを練った。一九二四年四月、新案が固まった。

連合国はドイツの賠償金支払いスキームの再調整に同意する、そのためにはドイツ中央銀行（ライヒスバンク）を再編成する、それを条件としてアメリカ銀行団は賠償金支払いのための対独融資を実行するというものであった。賠償金の当初返済額は年間二億五〇〇〇万ドルとし、五年以内に年六億ドルに引き上げることとした。手始めにまず対独二億ドルの融資が決まった。JPモルガンの当主ジャック・モルガンはドイツ支援に乗り気ではなかったが、ラモントがビジネスはビジネスと割り切らせた(8)。

七月末のニューヨーク・タイムズ紙の記事では、対ドイツ融資の安全性は、この計画に関与した人物の大物ぶりでわかるとして、ラモント、ジャック・モルガンに加えてアンドリュー・メロン財務長官の名を挙げていた。クーリッジ大統領は政府の直接関与を否定したが、切れ者で知られるメロンを会議に参加させていた。「カミソリのようにシャープ(9)」なメロンは実務上の問題点を詰める役割をしっかりと果たしていた。

ドーズプランは、要するにドイツ賠償金額は減額しないが、その支払い原資は連合国、特にアメリカの融資をベースに実行させるというものであった。復讐心の塊となっていたフランスは、国民から宥和的とみなされる支払い条件の緩和に反対したが、パリに飛んだラモントに、同意しなければ対仏一億ドル融資をキャンセルすると脅かされるとしぶしぶ受け入れた。

八月には連合国およびドイツがドーズプランを了承した。クーリッジ大統領もこれを諒とした。融資の原資は世界九ケ国で債券化され調達された。幹事銀行はJPモルガンだった。ロンドンでの幹事は同系のモルガン・グレンフィル社が担当した。アメリカでの債券販売が開始されたのは一九二四年一〇月一四日である。アメリカの債券引き受け分は一億一〇〇〇万ドルであったが、それに対して五億ドルもの申し込みがあった。

要するに、ドイツ賠償金はアメリカが融資し、その賠償金で英仏は対米債務を返済する。そこから生まれた余裕資金が再びドイツへの借款に戻っていくというスキームの完成であった。このプラン創作の主役はもちろんドーズであったが、イングランド銀行総裁モンタギュー・ノーマンのお膳立てもあった。イギリスは、ドイツへの恨みがありながら、イギリス経済の復活にはドイツの経済再興が必要だとドライに割り切っていた。「ノーマンは、一九二四年半ば頃、ジャック・モルガン、トム（トーマス）・ラモント、それにドイツ国立銀行のライヒスバンクの総裁になったばかりのヒャルマー・ホーラス・グリーリー・シャハト博士を交えた会談をイングランド銀行で開くお膳立てをし(10)」ていたのである。

実質英米両国が下支えするドーズプランの成立によって、対ドイツ投資の信頼性が飛躍的に高まった。ウォール街が活気づいた。アメリカ大手企業も次々にドイツに参入した。フォード、GM、ダウ・ケミカル、デュポン、GE、スタンダード石油。名だたる企業がドイツに参入した。「失業者はみるみる減り、ドイツの景気下降は一転して、以後五年間は上向いた(11)」。

ドイツ国内の預金者に代表される債権者の財産（要するに国民の資産）は意図的とも言えるハイパーインフレーションによって既に「収奪」されていた。アメリカから還流する外貨で、ドイツ経済は思う存分に成長できた。

ドイツは抵抗から協調路線に見事に舵を切り、再建の道をひた走った。この頃に政治活動を活発化させたのがアドルフ・ヒトラーであった。「この経済回復でアドルフ・ヒトラーは素晴らしい工業機械とお金を手に入れ、大規模な再軍備へ進むことになる」[12]。ヒトラーを育てたのはアメリカである、とよく言われるがこれがその理由であった。

注

（1）（2）（3）ロン・チャーナウ『モルガン家――金融帝国の盛衰 上巻』青木榮一訳、日本経済新聞社、一九九三年、二四一頁。

（4）同右、二四二頁。

（5）Zara Steiner, The Lights that Failed : European International History 1919-1933, Oxford University Press, 2005, p189.

（6）同右、p240.

（7）Nomi Prins, All The Presidents' Bankers : The Hidden Alliances that Drive American Power, Nation Books, 2014, p79.

（8）（9）同右、p80.

（10）チャーナウ前掲書、三一〇頁。

（11）（12）同右、三一一頁。

第三節　国際法務事務所の活躍　その一　アメリカ国際主義

前節でドーズプランによりドイツ賠償金支払い原資はアメリカ資本が用意し、それが再びドイツに還流するスキームが出来上がったと書いた。ドイツの経済復興が自国の再建にも欠かせないと考えるイギリスと、有り余る資金の運用にドイツと言う市場を見出したアメリカ国際金融資本の思惑の一致が生んだ資金の新しい流れだった。ドイツの復興よりも自国の復讐心を満たし自国の再建のみを念頭にしていたフランスは、その行動が軍国主義的と批判され、彼らを支えていた国際金融資本家の眉を顰めさせた。そうした圧力を受けてフランスはドーズプランを了承せざるを得ずルール地方からの撤退も決めた（一九二四年八月）。

アメリカは還流してきた資金をドイツ経済に惜しみなく注ぎ込んだ。ＪＰモルガンを筆頭としたアメリカ金融資本家は、その債券販売に当たって多くの国際法務実務をこなす作業が必要となった。この業務を請け負ったのがニューヨークの国際法務事務所であった。この中で、国際法務の実力者として手腕を発揮したのは第二次世界大戦後ドワイト・アイゼンハワー政権の国務長官となるジョン・フォスター・ダレスだった。彼がベルサイユ条約二三一条に眉をひそめたことはすでに書いた。ドイツだけに責任を押し付けた「戦争犯罪条項」は不条理だと感じていただけに、ドイツ経済再建のためのファイナンスに関わることに意義を感じていた。

連合国の不正義を感じてはいながらも、ベルサイユ条約のドイツ賠償にかかわる条文を実際に起草したのはダレスだった。その原案をもとに、ウィルソン大統領とともにパリにきていた交渉責任者の一人バーナード・バルークが表向きの起案者となった[1]。バルークは大戦時には戦時産業局長であり、この時代のアメリカ産業をイギリスの軍需品供給基地に変えた大物だった。後にFDRの側近となる人物である。FDRが後に体調を崩した際の休養所に別邸(ホブコー・バロニー:サウスカロライナ州)を提供したのも彼であった(一九四四年四月―五月)。

ベルサイユ会議終了後、ダレスは古巣の国際法務事務所サリバン&クロムウェルに戻った。パリでの活躍もあり、ダレスはシニアパートナーに昇進した。バルークとの強い関係からもわかるように、ダレスには米国の名だたる銀行や大会社がクライアントについた。自身も関わったドーズプランが成立すると、米国の銀行にドイツへの投資を積極的に推奨し、JPモルガン、ブラウン・ブラザーズ、ゴールドマン・サックス、ファースト・ナショナル・バンク・オブ・ボストンなど錚々たる金融機関を顧客とした[2]。

ドーズプラン決定の前年(一九二三年)には、ウォール街は早くも四億五八〇〇万ドルの対独借款契約をまとめていた。ドーズプランにより米国金融機関は浮かれたように対独投資にのめり込んだ。一九二八年には一六〇億ドルにまではねあがっている。ババリア地方の小さな村が一二万五〇〇〇ドルほどの融資を必要とする案件があったが、それに対して三〇〇万ドルの融資を実行させたほどであった[3]。おそらく日本のバブル期の銀行に似たムードがアメリカ金融界を覆っていたのであろう。

ここまでの記述で読者はあることに気付いたのではなかろうか。アメリカ国民は、ベルサイユ体制の不条理に気づき、若者の無駄死を悔いていた。ヨーロッパの揉め事にアメリカは介入してはならないという建国の父たちの教えが正しかったことを苦い体験を通じて学んだと書いた。アメリカ世論は孤立主義に回帰していた。しかし一方でニューヨークの金融資本家と国際法務事務所は、ベルサイユ体制による国際協調、つまり連合国を中心としたドイツ復興への協力体制の構築（ドーズプラン）で巨額の利益を得るスキームを完成させた。つまり、世論は孤立主義を、ウォール街の住人は国際主義を信奉するという「股裂き状態」がアメリカに生まれていたのである。

注

（1）キンザー前掲書、六六頁。
（2）同右、七五頁。
（3）Adam LeBor, Tower of Basel : The Shadowy History of the Secret Bank that Runs the World, Public Affair, 2013, p19.

第四節　国際法務事務所の活躍　その二　ドイツを利用したカルテル結成

会社経営に携わった経験があるものにはよくわかるが、競争がなければどれほど仕事が楽になることだろうと思うことがある。提供する商品やサービスに十分な利益を生む価格を、顧客を失う憂慮も無く設定でき、その販売も保証される。自由競争なき市場であったならと一度ならず夢想することもあろう。

二〇世紀初頭のアメリカ企業家もそう願った。いったんはそのような市場を作り上げたものの、反トラスト法が導入され束の間の夢に終わった。その典型はジョン・D・ロックフェラーが作り上げたスタンダード石油だった。スタンダード石油オハイオをロックフェラーが作ったのは一八七〇年のことである。同社の扱う石油精製事業は当時は競争が激しい業界で、およそ二五〇社が活動していた。

　ロックフェラーは寡占化を目指し、まず安売り競争を仕掛けた。同業他社が音をあげると次々と買収を仕掛けた。また石油運搬用の樽《バーレル》を買い占め、同業者に渡るのを妨害した。市場占有率が上がると、鉄道各社に同社だけに適用される特別価格を提示させた。鉄道会社に十分な利益を挙げさせる膨大な運搬量がその交渉を可能にしていた。競合会社はますます不利になりロックフェラーの軍門に下った。

　石油関連産業（鋼管製造、パイプライン敷設事業）の寡占化も同社主導で同時進行させた。ロックフェラーのやり方に抵抗する競合会社には労働争議をしかけたり、暴力事件を仕組んだ。ロックフェラーは当初は競合する石油精製会社の統合に熱心だったが（水平統合）、次第に石油掘削事業などの「川上」や、「川下」にあたる精製品の輸送販売事業の買収（垂直統合）も積極的に進めた。この結果一八七〇年代の終わりころには、全米石油精製施設の九割を保有するまでになった。また精製品販売ネットワークはほぼ独占した。一八八二年には、関連企業を統括するスタンダード石油トラストを設立した。

スタンダード石油のやり方は世間の反発を買った。一八九〇年、反トラスト法（シャーマン反トラスト法）が成立した。しかし、現実の適用は大企業の敵意もあり難しかった。

一九〇一年に、ウィリアム・マッキンレー大統領の暗殺により副大統領セオドア・ルーズベルトが大統領に就任すると、世論の後押しを受けて反トラストキャンペーン（trust busting）を開始した。ルーズベルトは、企業局（the Bureau of Corporations）の設置を議会に認めさせると、トラストの実態を調査させた。その情報に基づいて、トラストを結成していた企業を提訴した。提訴された産業は石油業界だけではなく、鉄鋼業界や精肉業界にも及んだ。一九一一年にはついにスタンダード石油にシャーマン反トラスト法違反の判決が下り、同社の分割が命じられ、再びトラストを形成することが禁じられた。その結果、石油業界に新興会社（ガルフ石油・テキサコなど）が成長することができた[1]。

スタンダード石油の歴史からわかるように、第一次世界大戦後のアメリカ市場ではトラストが禁止され市場独占は叶わなかった。しかし、ドイツへの投資を通じて再び夢を叶えるチャンスが巡ってきたのである。過大な賠償金を課せられたドイツにあって、ドイツ企業を何としても成長させる必要があった。寡占化（独占化）はそれを実現する手っ取り早い手法だった。必要悪であった。連合国もそれを望んだ。当時のドイツにとって、アメリカのような反トラスト法は不要の規制だった。とにかく企業を儲けさせることが先決であった。それが賠償金支払いの原資になるのである。

先にライヒスバンク総裁ヒャルマー・シャハトがドーズプランに関与したことを書いたが、彼とジョン・フォスター・ダレスの深い関係についても少し触れておきたい。

ダレスは一九二〇年三月二〇日シャハトと会った。当時のシャハトは連合国が設立したドイツ銀行制度改革組織の若手官僚だった。彼はダレスに、ドイツに政府の認めた四つの大型企業体を作りその企業に輸出を含めた生産販売を独占させ（例えば石炭、ポタ－シュ〔肥料用カリ〕、精糖、セメント）、その独占権は二〇年程度にする案を伝えた。ダレスはこの考えを、ＪＰモルガンのトーマス・ラモントに示した。[2]この考えがドーズプランの原形であった。要は、ドイツに企業カルテルを結成させた上でドイツの経済復興を図るのである。

ドーズプラン成立後に、アメリカやイギリスの資本家が先を争ってドイツ市場への投資を決めたのはドイツにおいてはアメリカでは禁止されている市場の独占化が確実であったからだった。つまりドイツ市場（ヨーロッパ市場）では儲かることが確実だったのである。

アメリカの投資家にはもう一つの目論見があった。

一九二五年一二月二日、独占企業体ＩＧファーベン社が設立された。この日ドイツを代表する化学会社（ＢＡＳＦ、バイエル、ヘキスト、アグファなど）がＩＧファーベン社設立に調印した。[3]ドイツの化学会社は世界的特許を多く保有していた。英米の大手化学会社（例えば英国ではＩＣＩやシェル石油、米国ではデュポンやスタンダード石油）がＩＧファーベン社と契約を結んだ。彼らは巨大企業となったＩＧファーベン社を、競争相手ではなくパートナーとして利用することを決めた。その協業の鎹になったのは同社の保有する特許であった。それを使うことで、アメリカでは禁じられたカルテルを法に触れない形で実現出来た。

この典型が石炭液化事業であった。一九二九年一一月、ＩＧファーベン社は保有する特許権利の半分をスタンダード石油に供与した（ドイツ市場は除く）。両者は合弁でスタンダードＩＧ社を設立し、将来の新技術を含めたパテント管理を任せた[4]。特許は元来新技術発明者に一定期間の独占権を認めるものであるだけに、ＩＧファーベン社所有の特許利用を通じて独占市場を形成することはけっして違法ではなかった。そして同社所有の特許が関わる市場は巨大だった。

一九二六年にはヨーロッパ市場全体を覆う鉄鋼カルテル（International Steel Cartel）も結成されている。これは独仏ベルギーおよびルクセンブルクの鉄鋼メーカーによる国際カルテルだった。ドイツの四大鉄鋼会社も参加した。メンバーにはそれぞれに所定の生産量が割り当てられ違反した場合は罰金が科せられた[5]。このカルテルにはニューヨークの投資会社から一億ドルが融資されていた[6]。

多くの読者は、第一次世界大戦に敗れ、多額の賠償金を課せられたドイツがなぜたちまちのうちに世界トップレベルの工業国に再興できたのか不思議に思うに違いない。しかしここまでの記述で、アメリカ（およびイギリス）の企業家、金融資本家、国際法務事務所の支援があったからこそ成し遂げられたことを理解できたことと思う。

この事実をもって「ヒトラーを育てたのはアメリカ金融資本である」と言える。しかしこれは、ヒトラーと言う怪物が後になって生まれたことを知っている者の「あと知恵の論」である。この時点においては、関係者は時代の制約の中でそれぞれの利益の最大化を図って行動していたに過ぎないと解釈すべきであろう。

注

（1）The Dismantling of The Standard Oil Trust. http://www.linfo.org/standardoil.html
（2）William F. Wertz, Jr, The Plot Against FDR : A Model for Bush's Pinochet Plan Today, EIR History, January 21, 2005, pp21–22.
（3）Diarmuid Jeffreys, Hell's Cartel : IG Faben and the Making of Hitler's War Machine, Holt, 2008, p121.
（4）同右、pp140–141.
（5）Daniel Barbezat, International Cooperation and Domestic Cartel Control : The International Steel Cartel, 1926–1938, The Journal of Economic History, Vol. 50, No. 2（June 1990）, p436.
（6）Wertz 前掲書、p22.

第五節　ヤングプランと国際決済銀行（BIS）設立

前節までの解説でわかるようにドイツ市場には、アメリカから巨額な資金が融資されたり投資されたりした。ドイツ政府は毎年六億ドルを外国投資家などから調達したことになる（一九二四年—二八年）[1]。その半分が米国からの資金であった。

一九二九年一〇月ニューヨーク株式市場が暴落した。（本書ではこの原因について考察する紙幅はない。）これをきっかけとして、米国投資家は文字通り「ぞろぞろと」ドイツから資金を引き揚げ始めた。(2) ドイツは再び苦境に陥った。

市場の変調は一〇月以前からあった。そのことを予期していたかのように、ドイツはドーズプランに代わる新スキームを要求していた。要求の根本は賠償金の減額にあった。一方的に断罪されたと考えるドイツにすれば、減額要求はけっして諦めてはいけない作業だった。これを受けてあらたな交渉が開始された。アメリカの代表はオーウェン・ヤングだった。一九二九年二月、ヤングは交渉の地パリに到着した。この年は、過去一〇〇年でもっとも寒い冬であった。(3)

厳冬の中で難しい交渉が再び始まった（二月一一日）。ドイツ代表シャハトの提案は年返済額二億五〇〇〇万ドルの三七年払いであった。フランス代表エミール・モロー（フランス銀行総裁）は年六億ドルの六二年払いを要求した。あまりに大きな隔たりであった。本国と調整を重ねるシャハトの会話はフランス秘密警察が盗聴したため、連絡はすべて暗号化しなくてはならなかった。(4) 両者の溝はなかなか埋まらなかった。そんな中でイギリス代表のレヴェルストーク卿（ジョン・ベアリング：英ベアリング銀行）が急死（一九二九年四月一九日）したため交渉はいったん休会となった。レヴェルストーク卿は何とか妥協点を見出そうとしていた人物だった。(5)

それでも何らかの結論を出さないわけにはいかなかった。合意が出来なかったことで、ドイツから資金の引き揚げが加速していた。妥協を頑なに拒否するシャハトも苦しい立場に追いやられた。ドイツ政府は、連合国（特にフランス）の賠償金請求額がフェアでもなく筋が通ったものでないとの思いがあったが、妥協の道を選ばざるを得なかった。[6] 交渉は再開され、同年六月七日には最終的合意をみた。年四億七三〇〇万ドルの五九年払いでの決着であった。ただドイツの経済運営はドイツ政府自身の手で進めることが認められた。

また新銀行「国際決済銀行（ＢＩＳ）」がスイスのバーゼルに設立されることが決まった。主要国が新銀行の設立を正式決定したのは一九三〇年一月二〇日のことであった（オランダ・ハーグ協定）。ＢＩＳは、連合国からの付託を受け、ドイツ賠償金配分を請け負った。同時に、世界主要国の中央銀行の協力関係を促進すること、中央銀行間の国際業務の担当が設立の趣旨となった。英、仏、ベルギー、ドイツ、日本、イタリアの中央銀行が株主となった。米国のニューヨーク連邦銀行は創立メンバーとして株主となる権利を持っていたが一九九四年まで行使しなかった。[7] アメリカ金融資本からは、連銀に代って、ＪＰモルガン、ファースト・ナショナル銀行シカゴ、ニューヨーク・ナショナル銀行の作ったコンソーシアムが参加した。[8] 一九三〇年五月一七日にＢＩＳは開業した。

ＢＩＳは極めて特殊な銀行として成立した。表向きは、ドイツ賠償金支払いスキームのツールとして機能することが謳われたが、世界の「中央銀行（いわゆる国際金融資本）の中央銀行」という機能が付与されていた。さらに、ハーグ協定で、ＢＩＳは、世界の政治から一切の関与を受けない、つまり世界的治外法権の特権を与えられた。

本書のテーマからはずれるが、一九四五年七月からスイスのバーゼルを舞台になされた終戦交渉について書いておきたい。「北村孝治郎BIS理事と吉村侃BIS為替部長が、一九四五年七月四日から八月初旬まで一カ月以上、ヤコブソン氏と接触を続けた」との記事を、共同通信（藤井靖）が伝えたのは二〇〇二年三月一六日のことである。ペール・ヤコブソンはBIS経済顧問だった。ヤコブソンは、当時スイス（ベルン）に赴任していた米国陸軍戦略事務局（OSS）のアレン・ダレスと接触し、日本降伏の条件を探ったのである。

この報道の本質を理解するには、本節で述べたBISという銀行の特殊性を知っておく必要がある。北村、吉村両氏は「治外法権組織」のBISの職員であった。だからこそ、日本の外交官にはない自由度を持って行動できた。また、OSSのアレン・ダレスは、ドイツ賠償金返還スキーム作りの中心近くにいたジョン・フォスター・ダレスの実弟であるだけに交渉担当者としての筋は悪くなかった。ただ、当時のダレス兄弟の力は、その評伝[9]によれば、トルーマン政権に影響力を与えるほどではなかったことがわかる。結局バーゼル（BIS）を舞台とした日本の終戦交渉は失敗した。

BISは現在も世界の政治から全く干渉されない組織として機能している。二ケ月ごとに、日曜日の午後七時から、各国の中央銀行首脳が集い、秘密会議が開かれる。一八階にあるダイニングルームでの食事から始まり、会議は一一時から深夜にまで及ぶ。既に九〇年近く続く儀式である。この場で何が話し合われたか、何が了解されたかメンバー以外は知ることは出来ない。[10] 世界の金融政策は密室で協議されている。第一次世界大戦が生んだ国際金融家の理想の組織は今でも健在なのである。

注

(1)(2) LeBor 前掲書、p10.
(3)(4) 同右、p11.
(5)(6) Steiner 前掲書、p472.
(7) BIS, Introductory Note on The Bank for International Settlements 1930–1945, May 12, 1997.
https://www.bis.org/publ/bisp02a.pdf
(8) LeBor 前掲書、p21.
(9) キンザー前掲書。
(10) LeBor 前掲書、pvi.

第六節　シャハトの恨み　ヒトラーの登用

シャハトは納得できない賠償金支払いでの決着となったヤングプランに嫌気がさしてライヒスバンク総裁の座を辞した(一九三〇年三月七日)。当時のワイマール政府とも意見が合わなかった。彼はこの年の一〇月二〇日、ニューヨークの外交政策協会で講演した。演題は「世界経済とヤングプラン」であった。[1] シャハトは、対ドイツ賠償の過酷さと不正義を訴えるだけではなかった。ドイツが、要求された賠償金を支払う場合に惹起される国際貿易の混乱を理論的に説明した。ドイツ国民は耐乏生活を強いられながら、奴隷のようになって輸出に努める以外にその要求に応えられないこと、そうなればヨーロッパ諸国の貿易にも大きな混乱を生むことを訴えた。そして最後に、ドイツ国内では過激な国家主義的思想が芽生え、アドルフ・ヒトラーの人気が高まっていることを伝えた。その上で彼ら国家社会主義者の活動はけっして暴力的ではなく革命的でもない、として次のように述べた。

「ヒトラーの信奉者は、保守過激派である。しかし彼らの主張は国民に正直であれと訴えているに過ぎない。国民に自尊心をなくさせるような政治に抑圧されたままではいけないと主張している。彼らは自尊心を取り戻したいのである。つまり、ヒトラーらの動きは、（不正義を押し付ける）世界に対する警告と考えて欲しい(2)」

このスピーチをジョン・フォスター・ダレスは聞いていた。

後にシャハトは、一九三〇年にはヒトラーの著作『我が闘争（Mein Kampf）』を読んでいたと語っている。彼はドイツ再興には、強力な指導者が必要だと感じていた。シャハトは、ヒトラーにその資質を見出していた。

シャハトはハルツブルクフロント（Harzburger Front）と呼ばれる保守系グループのメンバ

ーとなった（一九三一年一〇月）[3]。メンバーの多くが、産業界や金融界のリーダーだった。彼らはワイマール共和国の現政権（ハインリッヒ・ブリューニング首相）のままでは、ドイツは共産化するのではないかと怖れていた。シャハト自身はナチズム（国家社会主義）の信奉者ではなかったが、「彼らの主張には多くの真実がある」[4]としてヒトラーを実業界の大物に紹介した。

この年シャハトは、ブリューニング首相にナチス党を連立内閣に入れるよう説得しそれに成功した。一九三二年一一月には、彼の所属する経済人グループ（Circle of Friends of Economy）を通じて、パウル・フォン・ヒンデンブルク大統領に、ヒトラーを宰相に指名するよう懇請した。大統領がヒトラーを宰相に任命したのは一九三三年一月三〇日のことであった。

ここでヒトラーについて少し述べておきたい[5]。戦後の歴史教育の中では、ヒトラーの経歴を学ぶことはほとんどないからである。

アドルフ・ヒトラーは一八八九年四月二〇日、イン河畔の町ブラウナウで生まれた。ドイツ国境に近いオーストリアの町である。小学校の成績が良く、近郊の都市リンツの中等高等学校に入った。しかし数学の成績が悪く、近くの町シュタイアにある実技学校に編入している。彼は美術や建築に興味を持っていたこともあって、この実技学校も退学し、ウィーンの造形美術大学の入学試験を受けた。しかし結果は不合格であった（一九〇七年九月）。

この年の一二月母が亡くなった。父親は既になかったから孤児となった。いくばくかの母の遺産で直ぐに生活が困窮することはなかったが、住所を頻繁に変え、一九〇九年末にはウィーンの浮浪者収容所に入っている（一一月―一二月）。住所を定めなかったのはオーストリア・ハンガリー帝国の徴兵を免れたかったかららしい[6]。一九一三年、ヒトラーは徴兵忌避のためにウィーンからドイツ・ミュンヘンに移った（五月二六日）。しかし翌年には徴兵忌避者としてオーストリア総領事館に引き渡され、ドイツに近いザルツブルクで徴兵検査を受けた。結果は、「身長一七五センチメートル、身体虚弱、不合格[7]」であった。

一九一四年八月に第一次大戦が勃発するとドイツで兵役を志願し採用された。彼はフランドル地方（現在のオランダ南部、ベルギー西部、フランス北部をまたぐ地域）での対英国陸軍との戦いで伝令兵を務めた。勇敢に任務をこなし複数の勲章を授与されている。一九一八年秋の戦いでイギリス軍のガス弾の攻撃を受け眼を痛めた。ヒトラーがドイツ敗戦（休戦）の報を聞いたのは陸軍病院の中であった。

ヒトラーは母国オーストリアに戻らなかった。オーストリア・ハンガリー帝国は、ドイツ帝国とは別箇にパリ郊外のサン＝ジェルマン＝アン＝レイで条約を結んでいた（サン＝ジェルマン条約〔一九一九年九月一〇日〕）。この条約で帝国は完全に解体され、オーストリアは、アルプス山中の小国家に転落した。将来におけるドイツとの統合も禁止された[8]。ヒトラーは未来の無い母国に帰らずミュンヘンでの政治活動に身を投じた。彼の演説の才は際立っていただけに、それに目をつけたドイツ労働者党が彼を入党させた（同年九月一六日）。五五番目の党員だった。ドイツ労働者党は一九二〇年には国家社会主義ドイツ労働者党（ナチス）に改称された。

一九二一年は小国の強欲さが目立った年であった。それに対するドイツ民族の反発も激しかった。チェコスロバキアでは、ドイツ系住民が政府のチェコ人優遇策に憤っていた。北部シレジア（上シレジア）ではこれ以上の問題があった。ベルサイユ条約では、住民投票でポーランドかドイツかへの帰属を決めることになっていた。この年の五月二〇日に実施された投票では七二万票対四三万票でドイツへの帰属が決まったかに見えたが、ポーランドが軍事介入した。この地域は石炭の産地であり鉄鋼業も盛んだった。ポーランドはここを失いたくなかった。「彼らは、フランスの支持を得て同地方在住のポーランド人を武装蜂起させた上に、ポーランド本国からも非正規軍を侵入させて、ポーランド側による暴力支配を確立し、同地方のドイツ民族を弾圧し[9]」たのである。ポーランドの強欲にドイツ人は志願兵を組織して抵抗したが、結局はドイツに不利な線引きがなされた。

ドイツ国民はベルサイユ条約の足枷の中で、恭順なワイマール共和国政府が我慢がならなかった。先に書いたように、一九二三年一月には、フランスがルール地方を占領した。こうした状況の中で、ナチス党は次第に国民の憤懣の受け皿になった。ドイツ南部バイエルン地方で勢力を拡大していた同党は、ミュンヘン地方政府を巻き込みバイエルン地方からベルリンに進軍して、ワイマール政府打倒を目指して決起した（ミュンヘン一揆：一九二三年一一月八日）。しかし、バイエルンの官僚も軍警察関係者も呼応せず一揆は失敗した。翌日（九日）には鎮圧され、ナチス党の活動はこの日に禁止された。

投獄されたヒトラーが出獄すると党は再建された（一九二五年二月二七日）。ヒトラーが『我が闘争』を口述筆記したのはこの投獄されていた時期である。非合法一揆に失敗したナチス党は、その活動を順法的なものに変えると、南部バイエルンの地方政党から全国政党を目指した。一九二八年五月二〇日の全国選挙では一二人を当選させた。この年には党員数も一〇万を超えた。(10)

注

（1）Wertz 前掲書、p24.
（2）同右、pp24-25.
（3）（4）Hjalmar Schacht. http://www.historylearningsite.co.uk/nazi-germany/nazi-leaders/hjalmar-schacht/
（5）ヒトラーの経歴については村瀬興雄『ナチズム――ドイツ保守主義の一系譜』（中公新書、一九六八年）に依った。
（6）同右、一三頁。
（7）同右、二七頁。
（8）同右、四九頁。
（9）同右、一〇八頁。
（10）同右、一八七―一八八頁。

第七節　ヒトラーの主張と政権獲得

ヒトラーはミュンヘン一揆に失敗して投獄されたと書いた。この時期に『我が闘争』を口述筆記させたのである。この書は上下二巻として一九二五年、一九二六年に発行された。そこには彼（ナチス）の思想が凝縮されている。反民主主義、ドイツ民族至上主義、反ユダヤ主義を掲げ、具体的な方策として、「東方に大領地をひろげて、民族としての生活圏を確保し、その地にゲルマン民族の大植民を行なわねばならない」と主張した。(1)『我が闘争』が、ドイツへの不正義に憤っていた国民の心に響いた。

彼の主張は、著書だけでなくその演説でも繰り返された。それは国民の情緒に訴えると同時にロジカルでもあった。そのロジックの保証となったのがベルサイユ体制の不正義だった。少し長くなるが彼の演説がいかなるものだったかを書いておく。

「過去のドイツ帝国はすばらしかった。帝国は外部に対しては強力であり、内部に対してもがっちりと構成されていて、ただ国家公民のためにのみ配慮していた。それに対して現在のドイツはなんというみじめな状態であることか。敗戦と屈辱、ビスマルクのかわりにはエルツベルガー、戦勝国にへつらう大臣たち――まことになげかわしいありさまではないか。いったい、なぜドイツがかくも衰退したのであろうか？　それは敵国とユダヤ人がドイツに対して仕掛けた世界大戦にまき込まれて、敗北したからである。ドイツ革命はユダヤ人と犯罪人とが起こしたものだ。ベルサイユ条約はドイツを永遠に奴隷化するための機構だ(2)」

「どうしたらこのようなドイツを救済できるか？　ナチス党の綱領がその道を示している。すなわち国民に対してベルサイユ条約の恐るべき性格についての啓蒙をすること」[3]

ベルサイユ体制の不正義への怒りはドイツ国民すべてが共有していた。だからこそドイツ国民はナチス（ヒトラー）の訴えに心を打たれた。ドイツへの賠償金要求は、講和条約の基本となるウィルソン大統領の十四カ条の提案に違背していた。「講和条約はこの提案を基本原理としてけっして懲罰的なものにならない」。それが休戦前の約束であった。だからこそ皇帝を退位させ民主主義体制を構築し、講和交渉の準備を整えた。それにも関わらず連合国はドイツを恒久的に奴隷化する条件を押し付けた。これがドイツ国民の偽らざる気持であった。

ウィルソン大統領だけが英仏の強烈な対独復讐心に歯止めをかけられる立場にいた。しかし彼はそれをしなかった。ウィルソン外交を厳しく批判するチャールズ・タンシル教授（ジョージタウン大学）[4]は、不正義なベルサイユ条約は、「ウィルソン大統領のアドルフ・ヒトラーへの贈り物だった」と書いている。ヒトラーの反ユダヤ人の強烈な人種差別的主張も、誰もが理解できる反ベルサイユ体制の主張の中で脇役として価値を持ってしまうことになった。

ナチス党の更なる躍進に恐慌が「役立った」。一九二九年から三〇年にかけての失業者の増大もあり、一九三〇年九月の国政選挙では一八％の得票率を得た。三二年七月の選挙では得票率を三七％にまで上げ第一党となった。

ナチス党の伸張にはシャハトの貢献があった。シャハトは、ヒトラーとヘルマン・ゲーリングとの打ち合わせをすますと、ブリューニング首相にナチス党の政権参加を認めさせた（一九三一年）。一九三二年七月の選挙でナチスが第一党になったことを受け、シャハトはヒンデンブルク大統領にヒトラーを宰相に指名するよう要請した。大統領がその要請を受け入れたのは一九三三年一月三〇日のことであった。シャハトは、経済人グループのメンバーであっただけにシャハトの要請の背後には経済界の意向もあった。

二月二〇日、ゲーリングは実業界や金融界の首脳約二〇人を集め支援を要請した。この会合にはシャハトも参加していた。彼は極めて直截に、ナチス党への金銭的支援を訴えた。この会合に招かれていたIGファーベンの役員フォン・シュニッツラーは、同社役員会でこの要請を伝えると同社は四〇万マルクの支出を決めた(5)。

ドイツ国会議事堂が焼失したのはこの会議の一週間後の二月二七日夜九時過ぎのことであった。放火犯としてオランダ人共産主義者マリヌス・ルッベが逮捕された。ヒトラーは共産党を厳しく糾弾し、共産党活動の停止を命じた。当時の共産党は第二党の勢力であった。三月五日、選挙となった。その結果、共産党の消えた選挙でナチス党は四四%の支持を得た。三月二三日には、四年間に限って、議会に諮らず立法化できる権限が宰相に与えられた。こうしてヒトラーは、民主主義手続きを通じて全権を掌握したのである。

ナチス党の政権掌握と同時にシャハトはライヒスバンク総裁に返り咲いた（一九三三年三月一六日）。この年の暮れ、サリバン&クロムウェルのシニアパートナーとなっていたジョン・

フォスター・ダレスがベルリンを訪れた。彼はニューヨークの投資銀行をクライアントにした、対ドイツ投資案件を詰めるためにシャハトとの交渉に臨んだのである。クライアントには、ブラウン・ブラザーズ・ハリマン、ディロン・リード、クーン&ローブなどの錚々たる投資銀行が名を連ねていた。彼らは、新ヒトラー政権下のドイツ経済へのファイナンスにベルリンに集った(6)。

ダレスのベルリン訪問はもちろんサリバン&クロムウェルの国際法務業務のためである。しかし、その深層心理に、贖罪意識もあっただろう。ベルサイユ条約の不正義を彼は現場にいて肌で感じていた。悪名高い戦争責任条項（第二三一条）も、不承不承ではあったとはいえ、彼が起草したものだった。その結果、ドイツは恒久的に奴隷状態に落ち込んだ。だからこそドイツに金融支援で協力したいという心理が芽生えていたのではないか。交渉が成功すれば（贖罪ができれば）、自身のクライアントにも利益をもたらす。当時のダレスには、ナチスドイツ支援に何の疑いも罪悪感もなかったはずである。ジャーナリストのスティーブン・キンザーはダレス兄弟（ジョン・フォスター・ダレスとアレン・ダレス）の評伝の中でこの頃のジョン・フォスターの心理を次のように書いている。

「敬愛する父がゲッチンゲンとライプチヒで神学を学んでいたのである。ドイツの知的水準は高かった。宗教改革では重要な役割を果たした国であった。ジョンが初めてこの国を訪れたのは彼がまだ十代の頃であった。（ダレスの父は敬虔なプロテスタント長老派の牧師だった。）
ジョンはベルサイユ会議ではドイツに対する過重な賠償請求に反対していた。ドイツを攻撃的な国家にしてしまったのはそのせいであると考えていた。第一次大戦後のジョンの業務はますますグローバルになった。なかでも多くの時間をドイツ関連の業務に割いた。何世紀にもわたるドイツの知的貢献に素直に感謝していたし、社会秩序の厳格さを評価していた。政治的にも、ドイツこそが台頭するボルシェビキ思想に対する防波堤になると信じていた。もちろんドイツには顧客も多かったから、経済的利益を考慮した欲目があったかもしれない[7]」

一九三四年八月、シャハトはナチス政権の経済相に任命され一九三七年一一月までその任にあった。

注

（1）村瀬前掲書、一八八頁。
（2）同右、六八頁。
（3）同右、六九頁。
（4）Tansill 前掲書、p14.
（5）（6）Wertz 前掲書、p25.
（7）キンザー前掲書、九二—九三頁。

第四章　ルーズベルト政権の誕生と対ソ宥和外交の始まり

第一節　ルーズベルトの選挙公約の嘘とニューディール神話

一九三三年は世界史上特異な二人の政治家が政権を奪取した年であった。一人は言うまでもなく前章に書いたアドルフ・ヒトラーである。もう一人はフランクリン・デラノ・ルーズベルト（FDR）である。FDRは、この前年の大統領選挙で勝利し三月から政権の座に就いた。不況を乗り切れないハーバート・フーバー大統領への国民の不満を背に受けて圧勝した。選挙戦では、不況回復に向けて恐る恐るケインズ的手法で財政出動を始めたフーバー大統領を徹底的に批判した。その批判は、彼が大統領就任後に進めたニューディール政策を知るものからすればとても信じられないだろうが、フーバーの財政政策を無駄使いの権化であると詰り、均衡財政を主張していたのである。先にも書いたように当時の共和党の重鎮であったハミルトン・フィッシュ下院議員は次のようにFDRを批判している。

「（FDRは）一九三二年の選挙選では、フーバー政権を『無駄遣い政権』であると罵った。平和時における史上最悪の浪費政権だと非難した。その上で連邦政府の運営コスト削減の仕事を自分に任せてほしいと訴えたのである。『どれほどうまく取り繕っても、（無駄遣いの法案を）隠すことはできない。財政赤字を止め、借金を止める勇気。今こそそれが必要なときである』。これが後に『借金王』と呼ばれる男（中略）の国民への公約であった[1]」

表1　フーバー政権時とルーズベルト政権時の GNP と失業率

	国民総生産（GNP：億ドル）	失業率（%）	失業者数（1,000 人）
フーバー政権			
1929	1,044	3.2	1,550
1930	911	8.7	4,340
1931	763	15.9	8,020
1932	583	23.6	12,060
ルーズベルト政権			
1933	560	24.9	12,830
1934	650	21.7	11,340
1935	725	20.1	10,610
1936	827	16.9	9,030
1937	908	14.3	7,070
1938	852	19.0	10,390
1939	911	17.2	9,480
1940	1,066	14.6	8,120

緊縮財政を主張して政権を奪取すると、FDRはその公約とは全く逆のケインズ的財政出動による景気回復策を実施する。そのいくつかを後述するがニューディール政策によっても経済は一向に好転していない。ニューディール政策は失敗していたことを示す数字は表の通りである[2]。

注目すべきは一九三八年の数字である。この前年から景気は再び下降し、この年の失業者は再び一〇〇〇万人を超えた。一九三九年九月からのヨーロッパでの戦いの勃発を受けて、アメリカ経済は再び戦時好況を迎える。アメリカ参戦の前年にあたる一九四〇年にようやく一九二九年の国民総生産（GNP）に戻ったのである。それでも失業率は相変わらず高いままであった。この数字から、ニューディール政策は経済回復に役立ってはいないことがわかる。

ＦＤＲを評価する歴史書はこの数字をみても十分に成果が出ていると強弁する。しかし、ニューディール政策をしかけた財務長官ヘンリー・モーゲンソー・ジュニア自身が、議会でその失敗を証言しているのである。モーゲンソー・ジュニアは、ＦＤＲの邸近くに農場を所有し古くから隣組の関係にあった。ＦＤＲとは他の閣僚とは一線を画すほどに親密な人物であり、政権第一期からずっと財務長官の職にあった。一九三九年五月、彼は下院歳入委員会で次のように証言した。

「われわれはとにかくお金をばらまいた。これまでになかったほどのお金を使ったがうまくいっていない。私の願いはただ一つ。この国を豊かにしたい。もし私が間違っていれば、誰かに代っても構わない。そしてうまく仕事をこなして欲しいと思っている。国民が飢えるようなことがあって欲しくない。われわれは約束（公約）を果たせていない。八年間仕事をしてきたが、失業者の数はこの仕事を始めた時とほとんど変わっていない。その上多額の財政赤字を作ってしまった(3)」

注

(1) フィッシュ前掲書、三三―三四頁。
(2) 菊池英博「金融大恐慌と金融システム」文京女子大学経営論集第八巻第一号、一一三頁。
(3) Burton Folsom, Jr., New Deal or Raw Deal? : How FDR's Economic Lagacy Has Damaged America, Simon & Schuster (Threshold Editions), 2008, p2.

第二節　ルーズベルトの嘘に気付いていたフーバー

FDRは経済財政の知識はほとんどなかった。彼はハーバード大学に学んだが専攻は歴史学であり成績はC+、つまり平均以下であった。卒業後コロンビア大学法学部に移り弁護士資格を取得した（一九〇七年）。ただしコロンビア大学は卒業していない。彼には経済の知識はなかった。卒業後父からの遺産を使った事業も手掛けたがどれも成功していない。ウッドロー・ウィルソン政権で内務長官であったフランクリン・レインはFDRをよく知る政治家で彼の友人でもあったが、その評価は手厳しい。

「ルーズベルトはファイナンスというものを何もわかっていなかった。その上、彼は自分が無知だということにも気づいていなかった[1]」

FDR政権第三期では副大統領に起用されたヘンリー・ウォーレスは、新聞社の経営者であった。彼の評価も似たようなものだった。

「どんな場合であっても彼（ＦＤＲ）と関わるようなビジネスはしない[2]」

ニューディール政策はＦＤＲが考えたものではない。この政策はコロンビア大学などを中心とした若手経済学者がケインズの影響を受けながら考案したものであった。ＦＤＲが経済学を理解していないのは、自身のスピーチに二律背反性があることに気付いていないことからもよくわかる。前節で、ＦＤＲが、フーバー政権を史上まれにみる無駄使い政権だと批判し、財政緊縮を訴えたと書いた。しかし、同時に演説の中で、ケインズ経済学のエッセンスである「過少消費」の弊害を訴えている。一九三二年五月二二日のオグルソープ大学（アトランタ）でのスピーチでは、所得の低下とそれによる購買力低下を述べた上で、「（政府は）病んだ経済に生命力を注ぎ込み所得の均衡化を図る[3]」と訴えた。明らかにケインズ経済学の影響下にあるブレイントラストの考え方である。大きな政府を念頭とした主張であり、フーバーに対する攻撃とは矛盾した。ＦＤＲは主張に矛盾があることにも気づいていなかった。

ＦＤＲのスピーチ原稿を準備したものはその矛盾つまり国民への嘘については十分に認識していた。ルイス・ハウは一九三六年に亡くなるまでスピーチライターを務めたが、彼は嘘をつかずに政治家にはなれないと割り切っていた。

「政治の世界で飯を食おうとすれば、正直ではやっていけない」(4)

フーバー政権で財務次官であったアーサー・バレンタインはFDRとはハーバード時代からの知り合いだった。FDRの経済に関するコメントを聞いて、「彼にはハーバードで行われていた素晴らしい経済学や政府組織についての講義を真面目に受講して欲しかった」とその本音をもらした。

フーバー大統領は、FDRが訴えていることを実行しようとすれば巨額な財政出動が必要になること、その結果政府官僚組織がアメリカ歴史上なかったほどに肥大化するだろうと憂えた。しかし、彼の声は国民に届かなかった。その理由の一つがフーバーの経済対策に、共和党支持者への身びいきがあったからであった。彼の時代に金融復興公社（RFC：Reconstruction Finance Corporation）が病める銀行に救済資金を注入したが、その手法に党派性が出ていた。例えば、先に書いたドーズプランの設計者チャールズ・ドーズの銀行への支援がそうだった。ドーズはRFCのトップにいたが、自身のシカゴの銀行救済に九〇〇〇万ドルをRFCから注入させていた。(5)

注

（1）（2）Folsom 前掲書、p25.

（3） 同右、p36.
（4） 同右、p40.
（5） 同右、p39.

第三節　始まった政府組織の肥大化

ＦＤＲ政権の経済運営の方針（ニューディール政策）に大きな影響を与えたグループはブレイントラストと呼ばれる一群の若手経済学者であったと書いた。彼らはケインズの影響を受けていた。その中心人物の一人がコロンビア大学出身のレックスフォード・タグウェルだった。彼は恐慌の原因はレッセフェール（市場放任主義）がもたらした過度な競争市場であると分析した。彼は、中央政府による計画経済化でこの欠陥を矯正できると考えた。

彼は製造業分野と農業分野ではその困窮の質が違うと分析した。工業分野では価格低迷を解決する方策として大企業の過剰生産能力の存在に注目した。中央官庁が経済資源の分配をコントロールすること、価格も利益率も調整することで経済を活性化させ失業問題の解決につながると考えた。農業分野の問題については恒常的な過剰生産体質が問題であり、それが農業を苦しめていると考えた。農業についてはまず価格支持政策に依る生産調整を行うこと、そうすれば農産物価格を上昇させることが出来、多額の借金に苦しむ農業経営者を救済できると主張した。(1)

彼の考えに同調しない経済学者もいたがFDRはタグウェルの処方を採用することにした。農業調整法（AAA：Agricultural Adjustment Act）は、過剰生産と見なされる量の生産を調整するものであった。全国産業復興法（NIRA：National Industrial Recovery Act）によって設立された全国復興庁（NRA：National Recovery Administration）は、大企業に反トラスト法の適用を免除し、生産と供給量を調整する権限を持たせた。この政策実行のためには労働組合の協力が必要となった。[2] こうしたやりかたに労組が反対するはずもなかった。

少し話はそれるがFDR政権が始まった頃の日本は斎藤実内閣であった（一九三二年五月—三四年七月）。この内閣の陸相の荒木貞夫は所謂皇道派のシンボル的存在であり困窮する農民に同情的であった。彼は農作物の政府全面買い上げ策などを主張したが高橋是清蔵相は統制的手段を嫌い、また予算の不足もありその主張を入れなかった。その意味で、アメリカは日本よりも早く社会主義的統制経済に入ったのである。FDRは、経済統制を好む大統領であった。統制は行政府権力を肥大化させる。だからこそ彼は歴代の共和党政権が拒否したソビエトを国家としてあっさりと承認したのであろう（この経緯は後述）。FDRの思想がソビエト（スターリン）との親和性の高いことは歴然としている。

金融政策についても政府の役割を重視すべきとする経済学者が現われている。ジョージ・ウォーレン（コーネル大学）とアーヴィング・フィッシャー（エール大学）である。彼らは、デフレスパイラルの悪影響を説き、所謂今でいうところのリフレ政策によって価格水準を一九二

○年代半ばのレベルまでに回復すべきだと訴えた。その為には貨幣供給量を増やす必要があった。それにには金本位制度下にあっては金価格の上昇が必要であった。この主張を受け入れたFDRは国内の金を国家が買い占めることを決めた（一九三三年一〇月）。この処置は一九三四年一月末に終了したが、金価格は三ケ月で七〇％上昇した。[3]

こうした政策によっても経済は好転しなかったことは先に示した表1からも明らかだ。全国復興庁はあらゆる製品をコード化し、価格をコントロールしようとした。しかし一九三五年にはこの組織は最高裁によって違憲と判断され廃止となった。翌年にはAAAも中止となった。金融政策も効果を生んでいない。フィッシャーは、せっかく金価格を上昇させたにもかかわらず、FDRが十分な貨幣供給をしていないと抗議したが、大統領は彼の主張する政策への興味を無くしていた。[4]表1に示した一九三七年から三八年にかけての数字がニューディール政策の失敗を如実に表している。一九三八年には失業率は一九％まで上昇し、失業者の数も再び一〇〇〇万を超えた。

不況の再来であらためてその原因を探らなくてはならなかった。一つの解を提示したのはロークリン・カリーであった。彼はハーバード大学出身で連邦準備制度委員会（FRB）の経済アナリストだった。彼は財政の純支出に注目した。一九三六年において経済が好転したのはこの年に復員兵へのボーナス支払いがありその支出が消費を刺激したからだった。しかしこれは一時的な大型支出に過ぎなかった。翌三七年には社会保障のための所得税が導入されている。

これが国民の購買力を低下させたと考えた。社会保障制度の受益人がその恩恵を受けるのは一九四二年以降であった。単純にいえば、財政の純支出の低下が経済停滞を招いたと主張したのである。この考えは一九三六年にジョン・メイナード・ケインズが出版した『一般理論』の主張に合致した。

ＦＤＲは、この分析がでるまではやはり従来型の財政均衡へのこだわりを捨てきれていない。それがケインズ理論の登場とカリーの分析で、財政赤字はそれ自体が是であると主張された。一九三八年四月、ＦＤＲがこれに飛びついた[5]。「借りろ、そして使え政策（lend-spend program）」の開始だった。カリーの理論は、専門家の間では批判があったものの、ＦＤＲの心を捉えた。政治家にとって、政府支出が潤沢であればあるほどその仕事はやりやすくなる。

一九四〇年頃にはＦＤＲ政権の経済運営はこの考えに基づくことになった。赤字を気にしない積極的財政支出政策の推進であった。その中心にはＦＤＲの信任を一身にうけたカリーがいた。彼は史上初めての大統領付経済アドバイザーとなっていた。

一九四〇年三月、カリーは「人間の顔をした新ニューディール」とでもいえそうな政策を提示した。ＦＤＲは社会主義者が喜びそうなこの政策を進めたのである。高額所得者には高い累進課税を課した。その理由は高額所得者の所得は貯蓄に回る傾向が高く消費を刺激しない（貯蓄性向が高い）から課税分が消費に与える影響は低いというものであった。また低所得者層のために所得再分配政策を導入した。彼らの消費性向は高いから消費が刺激されるはずだという考えである。この方針は恵まれない層への同情を示したいFDRのお気に入りとなった。[6]
容易に想像できることだが、「政府支出は赤字でも構わない。それが消費を刺激し完全雇用を実現する」との主張がもっとも説得力をもつのは戦時経済である。一九三九年九月にはヨーロッパで戦争の火ぶたが切られ、アメリカは連合国軍の特にイギリスの軍需品供給工場と化した。先の表でも明らかなようにみるまに経済は好転した。
カリーがソビエトのスパイであったことが判明するのは戦後のことであった。

注

(1)(2)(3)(4)(5)(6) William J. Barber, FDR's Big Government Legacy, Regional Review Summer Vol. 7, 1997, Federal Reserve Bank of Boston. http://www.bostonfed.org/economic/nerr/rr1997/summer/barb97_3.htm

第四節　日本を嫌う米外交政策　その一　満州国建国

一九三一年九月一八日、奉天近郊（柳条湖付近）で南満州鉄道爆破事件が起きた。鉄道警備にあたる関東軍による謀略ではあったが、中国軍による破壊工作と主張された。この事件は満州事変へと発展した。
満州においてはポーツマス条約（一九〇五年）によって南満州鉄道警備のための軍の駐留が認められていた。この条約では警備の兵士の数は一キロメートルあたり一五名を超えないと規定されていたこともあり、関東軍の数はおよそ一万四〇〇〇名だった。（規定に従った最大数は一万四四一九名となる。）このわずかな数の関東軍に対して「（一九三一年九月の時点で）満州地域の張学良軍は総計で四十五万人の兵力をもっており、蔣介石から支援援助された航空機や戦車も保有していた」[1]。このような軍事力のアンバランスの中で、中国軍は頻繁に日本を挑発する行動を繰り返していた。その典型が万宝山事件と中村震太郎大尉殺害事件であった。

　万宝山事件は一九三一年七月二日に起きた。長春の北西に位置する万宝山の入植地での朝鮮人入植者に対して中国人農民が水利権を巡って争った。その過程で中国の警察が朝鮮人農民を強権的に弾圧した。この少し前の六月二七日には中村震太郎大尉殺害事件が起きていた。この事件をアメリカの史書は次のように描写している。

「大尉は通訳やアシスタントなど三人を連れ満州の軍事視察に向かった。ハルビンに至ると、中国官憲によりパスポートの検査があった。彼は自身を農業専門家であると述べた。その後、東清鉄道を利用して移動中、関玉衛指揮下の兵士に拘束された。六月二七日に、中村大尉とその随伴者は中国兵により射殺され、遺体は証拠隠滅のため焼却された」

「この事件に対して日本は、『中村大尉及びその随伴者の殺害は全く正当化できるものではない。日本軍及び日本国に対する侮辱そのものである。中国の満州当局はこの問題の公式調査を遅らせ、責任を取ろうとしていない。彼らは、事実関係を求めてあらゆる努力を払っているとしているが、実際は不誠実そのものである』と主張した」
「日本の主張通り調査はひどく遅れていた。彼らは日本の堪忍袋がどこまでもつか試している かのようであった。中村大尉殺害事件は、日本の感情をそれまでのどの事件よりも刺激した。満州を巡る日中の懸案は軍事力で解決すべきだとの論調に火をつけたのである(2)」

条約によって認められた満州地域における日本の利権の保護が関東軍の使命であっただけに、中国軍の止まない挑発行為は関東軍を強く刺激した。上記の史書にあるように中村大尉殺害は関東軍だけではなく日本の世論をも激昂させた。しかしこの時期は、徹底的な協調外交を標榜する幣原喜重郎外相が日本外交を担っていただけに日本政府は強い姿勢を見せなかった。

業を煮やした関東軍幹部（石原莞爾、板垣征四郎ら）が計画したのが柳条湖事件であった。先に書いたように関東軍の軍事力は少なくとも数の上では張学良軍に圧倒されていたから、危険なかけであった。しかし幸いなことに（あるいは予期したかのように）、朝鮮に駐留していた林銑十郎中将指揮下の混成第三九旅団等が越境し関東軍の動きに加わった。朝鮮方面軍の動きは独断ではあったが、それが若槻礼次郎内閣の態度を変えさせた。内閣は事態拡大方針に舵を切ったのである。一二月、若槻内閣に代わって犬養毅内閣となった。犬養内閣は二個旅団、一個師団の増援を決定した。日本の積極策と、強力な関東軍の動きの前に四〇万の張学良軍は総崩れとなった。それを見た満州内の漢民族の実力者はそれぞれに独立を宣言した。関東軍はそうした勢力を結集した。一九三二年二月一八日には、中国国民党政府からの分離を宣言し、三月九日には清朝最後の皇帝愛新覚羅溥儀を執政とした。（愛新覚羅溥儀が皇帝として即位したのは一九三四年三月一日。）一九三三年一月二〇日、溥儀の忠臣であった鄭孝胥《ていこうしょ》国務総理が帝政実施を宣言したのである。こうして満州国が建国された。

日本は一九三二年九月一五日に満州国を承認した。イタリア、スペイン、ドイツ、ポーランド、ハンガリーなど一八ケ国がそれに続いた。このような動きをみて、「張（学良）の親分格の蔣介石は外交的手段による日本非難に徹する[3]」方針に変換したのである。

注

（1）渡辺望『石原莞爾』言視舎、二〇一五年、一五七頁。
（2）Tansill 前掲書、pp96–97.
（3）渡辺前掲書、一八四頁。

第五節　日本を嫌う米外交政策　その二　日本嫌いのスチムソン国務長官

満州事変発生当時のアメリカは、フーバー政権であり、その国務長官はヘンリー・スチムソン（一八六七年生れ）だった。彼はエールとハーバード両大学（法学部）に学んだ。卒業（一八九一年）するとニューヨークの法務事務所に所属し、法律家の道を歩んだ。一九〇五年にはエリフ・ルートの法律事務所のメンバーとして年収二万ドルを超える収入を得ていた[1]。現在価値でおよそ五〇万ドルを超える収入である。エリフ・ルートは法律家であると同時に、セオドア・ルーズベルト政権では陸軍長官（一八九九年―一九〇四年）、国務長官（一九〇五年―〇九年）を歴任した共和党の重鎮政治家だった。

スチムソンが、ニューヨーク州南部担当検事に任命されたのは一九〇六年一月のことである。政治家の道への最初のステップであった。当時のセオドア・ルーズベルト政権は大企業のトラスト行為に厳しい態度で臨んでいた。スチムソンは、ニューヨーク・セントラル鉄道やアメリカ精糖会社を相手取り成果を上げ、ルーズベルトを喜ばせた。

一九一一年五月二二日、ルーズベルト政権に続いたウィリアム・タフト政権で陸軍長官に指名された。エリフ・ルートの推奨があったようだ。(2) 順調にワシントンでの出世の階段を上っていたスチムソンに転機が訪れたのは一九一二年の大統領選であった。この選挙では共和党が分裂した。現職タフト大統領の政権運営に、彼を後継にして大統領職を辞したセオドア・ルーズベルトが反旗を翻した。ルーズベルトの怒りの原因はいくつかあるが、中でも大きかったのはタフトの進めた外交（経済力をベースにした外交：ドル外交）に危うさを感じたことであり、またルーズベルトの残した高官を排除したことへの反感もあった。共和党票が割れたことで民主党のウッドロー・ウィルソンが漁夫の利を得て大統領に就任した。スチムソンは再び法務の世界に戻った。

一九一四年にヨーロッパで世界大戦が勃発した。アメリカの参戦は一九一七年春のことであるが、スチムソンは早くからアメリカの参戦を予期していた。当時の彼は既に四〇代の後半だった。ただ軍事教練を州兵として短期間受けたことがあった。彼は戦いに臨むことを決め志願兵となった。かつて米西戦争（一八九八年）で海軍次官の座を投げ打ってキューバ戦線に赴き志願兵部隊ラフライダーを指揮したセオドア・ルーズベルトと同じコロネル（大佐）として採用された。民間出身の陸軍長官まで務めた政治家が志願して前線に出たのである。[3] 日本では到底考えられない事態である。アメリカのＷＡＳＰ（White Anglo-Saxon Protestant）エスタブリッシュメントには武士道にも通底する騎士道の精神があった。リーダーたる政治家は戦いを恐れてはならなかった。大戦が終了するとスチムソンは公的な立場から退き再び法務の世界に戻った。

一九二六年、スチムソンはフィリピンを訪ねている。フィリピン総督は旧友レオナード・ウッドであった。その頃のウッドはフィリピンに自治を与え過ぎたと悩んでいた。アメリカは将来フィリピンを独立させることを考えていたが、そのスピードが速すぎると感じていた。悩みをスチムソンに打ち明け、彼の考えを聞いた。

そのウッドが脳腫瘍で亡くなったのは翌一九二七年のことである。時のカルヴィン・クーリッジ大統領（共和党）はスチムソンをフィリピン総督に任命した。一九二九年三月にハーバート・フーバー政権（共和党）が発足すると、フーバー大統領はスチムソンを国務長官に任命した（一九二九年三月二八日）。遠回りの末、アメリカ外交のトップの座に就いた。フーバーは民間人時代中国で鉱山の仕事に従事していた。彼自身この地域に詳しかったが、アジア外交についてはスチムソンにほぼ丸投げした(4)。

スチムソン外交のピークと言える大型案件は、ロンドン海軍軍縮会議であった。一九三〇年一月二一日に始まったこの会議はワシントン海軍軍縮会議での枠から外れていた補助艦船の保有量に制限をかけるものであった。第一次世界大戦の戦勝国主導による会議であり、米英日が調印した（仏伊は部分的調印）。同年七月二一日、アメリカ上院が批准した。この会議は先の大戦の戦勝国が主導するものであっただけに、ベルサイユ体制の固定化を前提としていた。

注

（1）（2）（3）（4） New York Times, Henry L. Stimson Dies at 83 in His Home on Long Island, October 21, 1950.

第六節　日本を嫌う米外交政策　その三　満州事変に憤ったスチムソン国務長官

スチムソンはロンドン海軍軍縮会議の主役の一人であった。第一次世界大戦後のアメリカ世論は軍縮を強く求めた。その声に押されたワシントンの政治家は、世界的規模の軍縮をいかに進めていくかに腐心した。その思いは真摯なものであった。それがワシントン海軍軍縮条約（一九二二年）、ロンドン海軍軍縮条約（一九三〇年）で結実した。日本もそれに呼応するように、軍部の反発はあったが、粛々と軍縮を進めた。ワシントン海軍軍縮条約では海軍が対象だったが、これに呼応するように陸軍も実質五個師団に相当する軍縮を実施した。当時の陸軍大臣山梨半造の名を取り「山梨軍縮」（一九二二年七月）と呼ばれている。また一九二五年には、関東大震災（一九二三年九月一日）復興資金捻出のために宇垣一成陸軍大臣が大規模な軍縮を進めた。三万四〇〇〇人の将兵が削減される徹底したものであった（宇垣軍縮）。

世界が軍縮の流れで動いている時期に満州事変は発生した。先述のように、この軍縮思想には大きな問題があった。それはあの不正義のベルサイユ体制の固定化を暗黙の前提としていたことだった。従ってその後に発生したドイツ国内の反ベルサイユ体制の動きや、世界革命思想に基づくソビエトロシアの他国に対する赤色干渉、あるいは新国家（チェコスロバキアやポーランド）内の少数民族の反発（苦しみ）などの新しいベクトルは考慮されていない。

スチムソンは、第一次世界大戦に自ら参戦しているだけに、ベルサイユ体制の固定化のもたらす危険性に鈍感だった。ベルサイユ条約で規定された領土境界が変更されることを嫌った。柳条湖事件から拡大していった満州事変は、彼の視点からすれば、原因はどうあれ、侵してはならないベルサイユ体制への挑戦であった。

満州についてはは日本の安全保障上極めて特殊な価値を持っていることはアメリカの識者は十分に理解していた。それはセオドア・ルーズベルトの次の言葉で明らかである。以下はタフト大統領に宛てた手紙の一部である。

「仮に日本が我々の考える方向と違う道に進む行動を起こしたとしても、止めることは出来ない。それをするとなれば日本との戦いを覚悟しなくてはならない。我が国にとって満州は実質的な重要性はない。この地域を巡って日本と衝突するようなリスクをおかすことをわが国民は納得しないだろう」（一九一〇年一二月二二日）[1]

スチムソンはそのことをよく理解していなかった。満州に日本が特殊権益を持つことを追認する高平・ルート協定を締結したルート元国務長官も、満州事変を受けて日本に不快感を示すスチムソンに危うさを見てとった。ルートはスチムソンに忠告した。

「（エリフ・ルート元国務長官は）これまでの長い歴史の積み重ねの中で、日本は満州に特別な関心（Japan's special interest）を持っている事実を忘れてはならないことにも言及した。日本はその安全保障上、満州を重視しており、政治的な観点から見れば、満州は日本の心臓に突きつけられた短剣であると（スチムソンに）説明したのである」[2]（傍点筆者）

当時の満州の事情を、北京や東京に駐在するアメリカ外交官はよく理解していた。彼らはワシントン本省に満州の実態を何とか判って欲しいと懸命に報告書をしたためていた。以下に典型的な報告書を示しておく。一九三三年二月二四日に東京のジョセフ・グルー大使からスチムソン国務長官への報告書に添付された満州事情についての意見書の一部である。執筆者は在東京米国大使館代理公使エドウィン・ネヴィルである。

「中国に対する不信と疑念、世界的不況による経済の破綻と社会の混乱。中国の日本製品ボイコット運動。中国は外国からの借款を使い、日本の鉄道（南満州鉄道）経営を妨害する新線を運営する。中国は約束事は全く守らない。そうした行動の陰にはソビエトの工作が見え隠れしている。ロシアは再び大国のパワーを見せ始めている」

「中国はワシントン会議（一九二二年）の約束は守らず（筆者注：これはワシントン海軍軍縮会議の際に別途行われた日中二ケ国間の山東省問題に関わる直接交渉をさしていると思われる）、調印された海軍軍縮条約では、日本への配慮に欠けていた。それが原因で、一九三一年の事件（柳条湖事件）では日本は単独で行動した。列強も一九二七年の上海では英国が単独で、南京では英米両国だけで行動した。一九三一年九月の日本の満州での動きを受けて中国は国際聯盟に提訴した。日本の動きは侵略行為だと主張し是正を要求した。中国は、ワシントン会議の約束事が破られたなどと言える立場にはない。彼らはここで決められた義務を果たしていない。聯盟に訴える彼らの手は汚れていた[3]」

ネヴィルは、「聯盟に訴える彼ら（中国）の手は汚れていた」ことを十分に認識し、それを理解したうえでの外交を進めるように本省に促していた。中国の言い分だけで日本への圧力をかけようとする国際聯盟のやり方に疑問を呈していた。東京の大使館はこれ以前にも聯盟の動きに苦情を呈し（一九三一年一一月四日）、アメリカが聯盟と共同歩調をとることに慎重であるべきだと訴えていた。

中国の訴えを受けた聯盟は、日本に対して条約で認められた鉄道守備に許されている範囲まで撤兵させることを要求した（一九三一年一〇月二四日）。撤兵期限は一一月一六日とされた。ケロッグ・ブリアン条約も日本批難に使われた。聯盟もベルサイユ体制の固定化は当然であり、いかなる理由があっても現状を乱すことを嫌っていたのである。ほとんどの聯盟加盟国にとって満州の特殊事情には関心はなかった。先述したように、ドイツやオーストリア・ハンガリーから、新興の小国が奪い取った領土には民族自決原則に馴染んでいない土地が多かった。したがって、彼らは理由（原因）の如何に関わらず、現状の線引きが変更されることを嫌った。

ネヴィル代理公使は聯盟の要求には実効性がないことがわかっていた。「中国の手は汚れている」ことも知っていた。それだけに、本国が聯盟の動きに安易に同調することを心配した。そうしてしまえば、アメリカが第三者的仲介役として効果的に立ち回れなくなる。アメリカが聯盟に同調すれば、「アメリカの日本に対する影響力を減衰させ、満州問題の解決には何の役にも立たない」(4)。これがネヴィル代理公使の分析であった。

松岡洋右はジュネーブで聯盟との交渉に当たっていたが、日本の主張を通すことはできなかった。一九三三年二月二四日の聯盟総会では、満州の中国統治権を承認し日本軍の撤退を求める議決案が可決された。松岡ら日本代表団は議場から退場した。

帰国はアメリカ経由であった。彼は日本の立場を説明するために新大統領FDRとの会談を望んだ。この情報が国務省に伝えられるとスタンリー・ホーンベック極東部長は、松岡を新大統領に会わせないと決めた。松岡の主張がメディアを通じて国民に伝えられれば、対日強硬外交に国民が疑いの目を向けるのではないかと恐れたのであろう。(5)「日本は極東で南下東進する共産主義者の工作に対してアメリカと協力して防衛し、資本主義体制を護りたい」とする松岡の主張は、アメリカ世論に十分な訴求力を持つはずであった。しかし松岡は、ホーンベックの横やりでその主張を新大統領に訴えることは叶わなかった。もちろんそれが叶っていたとしても中国びいきのFDRの心には響かなかったであろう。

当時のアメリカ国民は共産主義をはっきりと嫌っていた。だからこそ歴代の共和党政権は、ソビエトをけっして国家承認しなかった。FDRは聞く耳を持たなかっただろうが、アメリカ国民は松岡の主張に耳を傾ける可能性は十分にあった。

松岡のFDRとの会談は叶わなかったが、ハーバード大学のローレンス・ローウェル学長を訪問することができた（一九三三年三月二九日）。学長は日本の満州政策に否定的な人物だった。およそ三〇分ほどの会談を終えた松岡を学内紙（The Harvard Crimson）がインタビューし、次のように報じた（一九三三年三月三〇日付）。

「学長の（日本の満州政策を批難する）意見について聞かれた松岡は、学長の意見には敬意を表すると述べた」

「日本は国際聯盟を脱退したばかりであり、松岡は日本代表団のリーダーだった。彼は数日前殺害予告をニューヨークで受けていた。昨日ボストンには列車でやってきたが、そこでも暗殺計画があった。幸い鉄道警察官が線路に仕掛けられていた中国国旗にくるまれた鉄パイプ爆弾二個を発見した。このことは松岡がボストンに到着するまで知らされなかった。彼には四人の刑事が警護についていた[6]」

注

（1）Tansill 前掲書、p5.
（2）同右、pp100–101.
（3）同右、p121.
（4）同右、p99.
（5）同右、p121.
（6）この記事は以下のサイトで閲覧可能。http://www.thecrimson.com/article/1933/3/30/matsuoka-calls-on-president-lowell-during/

第七節　アメリカのソビエト承認　その一　フィッシュ委員会

ソビエトを国家承認しないことは歴代の共和党政権の方針であった。ウィルソン以降のハーディング、クーリッジ、フーバーの共和党政権はソビエトを承認していない。一方、ソビエトの外交方針は何としてでも米国との関係を構築することにあった。その意味では満州事変以降の冷たいスチムソンの対日外交に困惑しながらも、何としてでも明治維新以来の友好的な日米関係に戻したいとする日本外交と同じであった。両国ともアメリカの歓心を買うことに腐心していた。

ソビエトの国家承認を歴代の政権が拒否してきたのには二つの大きな理由があった。一つは、アメリカ国内における共産主義者の工作活動が止まなかったことである。もう一つは第一次世界大戦期の借款返済が滞っていたことだった。

共産主義者の工作活動は多方面にわたっていてワシントン議会は問題視していた。共産主義者が人権活動組織、復員兵組織あるいは労働組合に浸透し反政府的活動を繰り広げていた。業を煮やしたワシントン議会は、ハミルトン・フィッシュ下院議員（共和党）を委員長とする非米活動調査委員会（フィッシュ委員会）を設置（一九三〇年三月五日）し、共産主義者の工作活動の実態調査に当たらせている。設置の目的は、「共産主義者のプロパガンダ工作の調査であって、社会主義者や所謂左翼の活動についての調査ではない」[1]とされた。議会は、言論の自由との兼ね合いに考慮したからだった。

フィッシュ委員会の調査はおよそ七ケ月にわたり、二五〇人以上から証言を取った。それによって共産主義者の活動は想像以上に広範囲に浸透していることが明らかになった。共産主義者はアメリカという共和制国家とその憲法を嫌い、また一切の宗教を容認しないことが明らかになった。

アメリカ共産党員で二度大統領候補にもなったウィリアム・Z・フォスター（アメリカ共産党議長）とフィッシュ委員長のやりとりは次のようなものであった。[2]

フィッシュ　（アメリカ）共産党の目的とその基本理念を当委員会に説明して欲しい。

フォスター　簡単に言えば、資本主義制度の中で労働者の利益を守るための組織を結成し、最終的にはその資本主義社会を潰すことを狙っている。その上で労働者及び農民の政府を創設するのである。

フィッシュ　あなたの党は労働者を焚き付けて他の階級に敵意をもたせているのではないか。

フォスター　わが党は労働者に階級意識を植え付けようとしている。労働者階級の利益とは何かについて理解させる。労働者の利益を守るために組織を作る。それは当然に資本家階級との衝突になる。

一九三一年一月一七日、フィッシュ委員会は六六頁の報告書を提出した。結論は次のように書かれていた。

「委員会は、我が国において共産主義者との戦いを進める上でもっとも有効な手段は、彼らの基本理念と狙いをしっかりとアメリカ国民に伝えることだと考える。彼らの考えは世界どこでも共通である。彼らの活動が、化けの皮を被ってカムフラージュされていない限り、国民の多数が共産主義思想を受け入れることはないであろう(3)」

この報告書からもわかるようにもっとも反共的だと目されていたフィッシュ議員でさえも、共産主義者の工作活動を力で抑えようとはしなかった。資本主義の優位性とアメリカ国民の理性を信じていた。

アメリカ国内の反共ムードをスターリンは十分に理解していた。それでもアメリカにソビエトを国家承認させたうえで、正式な外交関係を持つことは重要であった。それができればアメリカ国内の共産主義プロパガンダ活動に弾みがつく。また、日本外交が狙っている中国の親ソビエト勢力あるいはソビエトそのものに対抗する日米両国による「防共協定」構想に冷や水を浴びせることができると考えた。

注
（1） Fish 前掲書、p41.
（2） 同右、p42.
（3） 同右、p47.

第八節　アメリカのソビエト承認　その二　スターリンに心酔したジャーナリスト

一九三〇年のことであるが、スターリンはアメリカがソビエトを承認しないことに対する憤懣をある人物にぶちまけていた。

「我々は（承認をうけるために）できることは全てしてきたではないか。（中略）借款問題については、新規の借款を受ける際に、利子率に数%のプレミアムをつけることでその分を相殺できる。まず国家承認をしてもらわねばならない。他国とはそれが出来ている。（中略）借款問題などたいした問題ではないではないか[1]」

スターリンの不満を聞かされていたのはウォルター・デュランティ（ニューヨーク・タイムズ紙モスクワ支局長：一九二二年―三三年）であった。ケンブリッジ大学で学んだ英国出身のデュランティは、チェインスモーカーでスコッチが大好きな大物ジャーナリストで通っていた。彼の周囲をいつも若い女性ジャーナリストが取り巻いていた。彼はスターリンに魅せられていた。スターリンが「大量殺人者」であることは既にわかっていたことだったが、それを報道することなく、スターリンの進める五ケ年計画を称揚した。[2] 後の文化大革命時代に毛沢東を賞賛した日本の中国特派員を彷彿させるジャーナリストであった。

「彼（デュランティ）は、ある若手ジャーナリストに向かって次のように語った。『読者の興味の対象は、セックス、金、そして血（殺人）だよ。この三つをカバーするような見出しの付く記事が書ければ、してやったりということになる』。血塗られたスターリンと不道徳なジャーナリスト、デュランティの間には相互扶助関係で金が動いたことは間違いない[3]」

このデュランティがニューヨークに一時帰国した。その際にソビエト情勢を尋ねたのがFDR（当時ニューヨーク州知事）であった。デュランティのジャーナリストの倫理に欠ける報道は後に問題になるのだが、当時はソビエトのことは何でも知っているソビエト・スペシャリストだと認識されていた。FDRはソビエトの経済状況について質問した。とりわけ金（ゴールド）生産についての情報を欲しがった。貿易が開始された場合の返済能力を確認したかったのである。デュランティが何を語ったかは想像に難くない。

不況にあえぐアメリカ経済界はソビエトとの貿易に光明を見出そうとしていた。FDRのソビエト承認の考えはアメリカ商工会、ハーバード・ビジネススクール学長、外交政策協会

(Foreign Policy Association）などに支持されていた。その結果、「一九三三年六月には、ソビエト連邦を承認することが世論の大勢となった」のである。[4] FDRは大統領就任後四ケ月でソビエトの国家承認を決めた。[5]

一九三三年一〇月一〇日、FDRはソビエト連邦中央執行委員長ミハイル・カリーニンに親書を送り、国交樹立のための協議をワシントンで始めたいと伝えた。この七日後、カリーニンは外務人民委員（外務大臣）マクシム・リトヴィノフのワシントン派遣を決めた。[6]

一九三三年一一月一六日、リトヴィノフは国家承認を受けるための条件として下記のようなソビエトの方針（約束）を提示した。[7]

（一）アメリカ合衆国の内政には一切関与しない。

（二）アメリカ合衆国の静謐、繁栄、秩序、安全を傷つける行為やアジテーション、プロパガンダを一切しない、そしてさせない。アメリカ合衆国の領土および所有する権利を侵したり、政治的変化をもたらし社会秩序を乱すような行為はしないし、させない。

（三）アメリカ政府を転覆させたり、社会秩序を混乱させる目的を持つ団体や組織をつくらない。これに加えて世界各国に対しても平和的態度を取る。

コーデル・ハル国務長官はこれを諒とした。この日、懸案の借款返済問題については継続協議としてソビエトを国家承認することを決めた。翌日リトヴィノフは記者会見に臨んだ。アメリカがソビエトを承認したことで、アメリカ共産党のプロパガンダ活動に何らかの影響が出るのか、という質問に「ロシア共産党はアメリカに関与しない。アメリカ共産党も我が国に関与しない」と意味深長な答えを返している。(8)

リトヴィノフは国家承認のための約束事を守るつもりなど全くなかった。関係者は彼が裏で語った言葉を伝えている。(9)

「心配無用だ、あんな調印文書は紙切れ同然だ。ソビエトとアメリカの外交関係の中で直ぐに忘れられる」（アメリカ共産党、ベンジャミン・ギトロー証言）

「リトヴィノフは満面の笑みを浮かべて、われわれに言った。『欲しいものは全部取った。奴らは、ソビエトはアメリカに借金があることを認めるよう迫ったが、私は交渉することだけは認めた。奴らがわかっていないのは、借款返還交渉はこの世の終わりまで続くということだ』」

（元ソビエト赤十字長官、D・H・ダブロウスキー証言）

注

（1） Susan Butler, Roosevelt and Stalin : Portrait of a Partnership, Alfred A. Knopf, 2015, p150.

（2）（3） Mark Y. Herring, Useful Idiot. http://ukemonde.com/news/usefulidiot.html

（4）Butler 前掲書、p151.
（5）同右、p150.
（6）（7）Hoover 前掲書、p27.
（8）同右、p29.
（9）同右、p28.

第九節　アメリカのソビエト承認　その三　国務省若手外交官の反対

ソビエトの国家承認を受けて公館の設置、大使の派遣と続いた。アメリカ国内では多くの怪しい親睦団体や貿易会社も設立され、それがスパイ活動の温床となっていった。

FDRあるいはハルが進めた対ソ宥和外交（ソビエト承認）は、実はけっしてアメリカ国務省の総意ではなかった。ソビエト内政の真の事情を知る若手外交官の間では、ソビエト承認に反対する意見が強かった。その典型がソビエト通若手外交官ジョージ・ケナン（一九〇四年生れ）だった。国務省は東欧部を一九二六年に新設した。部長にはロバート・ケリーがついた。ロシア語に堪能な彼は大のボルシェビキ嫌いだった。ケリーはロシア通育成プログラムを導入した。若手外交官の中にロシア担当専門官を育てる計画で、公費によるヨーロッパ留学の後に、国家として未承認の国ソビエトの情報収集に当たらせるのである。赴任地はロシア国境に近いバルト諸国の都市であった。第一期生八名の一人がケナンだった[1]。同期の一人に、後にヤルタ会談などでFDRの通訳を務めたチャールズ・ボーレンがいる。

ラトビアの首都リガに赴任すると、そこでの暮らしと集められた情報から、ケナンは共産主義国家ソビエトとアメリカの共存は不可能であると結論付けた。そのことは彼が友人に宛てた手紙（一九三一年一月付）からも明らかである。

「ソビエトロシアの現在の体制は、われわれの伝統的システムとは対極にありそれは変わることのない性格のものである。両システムの中間を行く『中道』を探ったりする妥協は出来ない。妥協を探る施策、例えば国交の樹立、は間違いなく不成功となろう。両システムはこの地球に共存できないのである。どちらか一つのやり方にならざるを得ない。つまりこれからの二、三〇年の間にロシアが資本主義国家となるか、我々が共産主義者になるかという選択となる[2]」

ケナンは共産主義との共存は不可能と考えただけに、ロシア内に滞在を許されてその情勢を発信するジャーナリストらの動きを警戒していた。彼らは、ロシアに留まり情報発信できる特権を維持するために自身の記事を平気で検閲させた。そうしたジャーナリストの根性をケナンは軽蔑した。リガからの最初の報告書（一九三一年）は、そのようなジャーナリストおよそ三ダース（三六人）を共産主義シンパとしてリストにした[3]。

ケナンは一九三二年、三三年と国務省に報告しているが、その中でソビエトを承認し正式な国交を結んでも貿易は増えないと分析していた。一九三三年の報告書では、ソビエトは自己の目的のためには平気で条約を破る国であると書いた。ケナンの見立てに国務省内のソビエト専門家のほとんどが同意した[4]。それにも関わらずFDR政権がソビエトを承認したことは前節で書いた通りである。国務省専門家の反対をFDRはわかっていた。リトヴィノフとの交渉には国務省専門家を同席させなかった。ホワイトハウスにリトヴィノフを呼び、自身で直接交渉に臨んだのである。専門家の意見を聞かない彼の性癖をよく示していた。後のヤルタ会談でも国務省専門家の意見を聞いていない。彼は千島列島が日本の固有領土である歴史経緯を知らなかった。だからこそ平気でスターリンに「プレゼント」出来たのである。

ソビエトとの国交がなったことで、FDRは新大使にウィリアム・ブリットを任命した。ブリットはフィラデルフィアの裕福な家庭に生まれ、エール大学を卒業した（一九一三年）。ベルサイユ講和条約締結時には代表団のメンバーとなり、モスクワに飛んでレーニンと会っている。この時点でロシアと国交を結ぶ動きがすでにあった。しかしそれをウィルソン大統領が拒否した。ブリットは、ロシア革命に共感していたジャーナリスト、ジョン・リード（『世界をゆるがした十日間』の著者）の未亡人ルイーズ・ブライアントと再婚している（一九二四年）。彼が極めて親ソ的な人物であることを示していた。

FDRの対ソ外交はケナンにとっては不愉快なものだった。国務省を去ることまで考えたが思いとどまっている。ロシア語の専門家の少ない中で、ケナンはボーレンとともに新規に開設される駐ソ大使館のスタッフに選ばれた。一九三三年一二月、ブリット一行はモスクワに赴任した。大使のモスクワ入りはソビエトの対米外交の成功の証だった。スターリンの心は躍っていた。一行の歓迎会はクレムリンで開催された。彼は、パーティーでＦＤＲへの乾杯の音頭を取った。

「ルーズベルト大統領に乾杯！　フィッシュ（ハミルトン・フィッシュ）などのうるさい連中の声を黙らせ、ソビエト連邦を承認してくれた大統領に乾杯！」[5]

この言葉からもわかるように、スターリンはアメリカの国内事情を鋭く観察していたのである。[6]

注

（1）Walter Isaacson & Evan Thomas, The Wise Men : Six Friends and the World They Made, Simon & Schuster, 1986, p146.
（2）（3）同右、p149.
（4）同右、p155.
（5）Butler 前掲書、pp154–155.
（6）同右、p154.

第五章　イギリスの思惑とヒトラー

第一節　イギリスの対独宥和外交　その一　英独海軍協定（一九三五年）

筆者には、フランクリン・ルーズベルト（FDR）がソビエトを承認した一九三三年一一月一六日が、日本のその後の運命を決定づけた日に思える。極東、とりわけ中国への赤化工作への危機感をもち、ソビエトの工作を資本主義体制への挑戦とみなし、強い危機感を持った日本は、繰り返しその体制を同じくする、そして同じように共産主義を警戒するはずのアメリカに、日本の立場の理解を求めた。防共のパートナーとなるよう訴えた。それが見事なほどに拒否されたのが一九三三年一一月一六日だった。この日こそが、戦後の東西冷戦の第一歩でもあった。

アメリカの無理解に対して日本はその後も懸命の努力を続けた。しかし同時にソビエトの西漸の防波堤の役割を果たそうとしているドイツへの期待を高めざるを得なくなるのである。アメリカのソビエト承認が生んだ外交ドミノだった。日本は、一九三四年夏、ドイツに帝国海軍艦隊を親善訪問させ、陸海軍高官をドイツに派遣した。(1)

先に、パウル・フォン・ヒンデンブルク大統領によってアドルフ・ヒトラーが宰相に指名される（一九三三年一月三〇日）までの経緯を詳述した。彼が収監されていた時期に口述筆記させた『我が闘争』が上下二巻として一九二五年、一九二六年に発行されたことも書いた。ドイツの状況をイギリスが注意深く見ていたのは当然であった。イギリスの政治家や官僚も『我が闘争』を読んでいた。ヒトラーは、その中でベルサイユ体制の非道を深く恨んでいることも書いていたが、同時にドイツの将来は、イギリスの理解を獲得しながら、ヨーロッパ大陸の「陸の覇権」を確立することによって開けると訴えていた。

ドイツは東に向かいロシア領土の獲得によって生存圏を拡げる。これがヒトラーの構想であった。

「第一次世界大戦後のロシアは共産主義国となった。共産主義体制を激しく嫌悪しかつ警戒するのは英国も同様であった。従って彼（ヒトラー）は、彼の書（『我が闘争』）の中でドイツの将来のために示した解決策はイギリスをはじめとした西側諸国に一般的に受け入れられると信じていた[2]」

西ヨーロッパの知識人は保守系はもちろんのことリベラル系の一部までが、ロシア革命思想の伝播を恐れていた。革命思想は悪性のウイルスでありどこかで防疫線を張らなくてはならない、防疫の最前線に立つのがヒトラーに指導されたドイツである。この考え方は広く受け入れられていたのである。ヒトラーの反共の姿勢が本物らしいことは、『我が闘争』に書かれた主張だけでなく、彼自身のそれまでの実践からも実証されていた[3]。このことは産業資本家アーサー・バルフォアが自社の会議の中で語った言葉にはっきりと示されている。（このバルフォアは元首相（一九〇二年—〇五年）ではない。英国有力鉄鋼会社シェフィールド・キャピタル鉄鋼の会長である。）

「ドイツは再び戦争をするだろうか？　間違いなくするだろう。少し奇異に感じられるかもしれないが、我が国はドイツ国民をして再軍備させなくてはいけない。彼らが自らしなければ我々が無理にでもさせなくてはならない。ロシアの軍備拡張は凄まじく極めて危険な存在になっている。そんな状況で、ドイツを非武装のままにしておいたら、『どうぞお召し上がりください』とロシアに（ドイツと言う）御馳走を差し上げるようなものである。従って、非武装のままのドイツはヨーロッパの危険因子となる」[4]（一九三三年一〇月二四日付、シェフィールド・デイリー・テレグラフ紙）

この考えは政界でも一般的であった。第一次世界大戦では対独強硬派であったロイド・ジョージ元首相も、「近いうちに、おそらく一年以内だと思うが、我が国の保守主義勢力は、ドイツをヨーロッパで拡散する共産主義思想に抵抗する前線基地だとする考えで一致するであろう。ドイツの再軍備を拙速に批判するようなことがあってはならない。我が国の友邦としてドイツを歓迎する日が来る」[5]（一九三四年一一月二八日）と述べていた。

ドイツの軍拡つまりベルサイユ体制の鉄鎖からの解放はイギリスのお墨付きの上で進んでいたのである。なかでもドイツ空軍の増強は目覚ましかった。一九三五年三月、アンソニー・イーデン英外相がベルリンを訪問しヒトラーと会談している。その際にヒトラーはドイツ空軍力は英国のそれに追いついたと述べていた[6]。

ドイツの軍拡の動きつまりベルサイユ体制破棄の動きに、大陸内のフランスとイタリアが強く警戒したのは当然だった。その表れが一九三五年四月のストレーザ戦線（提携）だった。これは英仏伊代表が、北イタリアのマッジョーレ湖畔の町ストレーザで会談し、ロカルノ条約遵守を再確認したものだった。ロカルノ条約は英仏独伊ベルギー五ケ国の条約（一九二五年）で、基本的にはベルサイユ条約の追認であった。これによってドイツは国際聯盟のメンバーとなった。

ストレーザには三国首脳が集まった。英国はラムゼー・マクドナルド首相とジョン・サイモン外相、フランスはピエール＝エチエンヌ・フランダン首相とピエール・ラヴァル外相、イタリアはベニート・ムッソリーニ首相とフルヴィオ・スヴィッチ外務次官を遣った。この顔ぶれからも容易に分かることだが、表面上、三国は強い結束を示しドイツの再軍備を牽制するものだった。

しかし、既に書いたように、英国はドイツ牽制に本気ではなかった。この会談のわずか二ケ月後の六月には英独海軍協定を締結した。この協定は英独二国間の直接交渉によって成立したものだった。英国海軍はドイツ海軍との交渉をヒトラーが権力を握ると同時に開始していた。二年間に渡って秘密の交渉を続けていた[7]。協定はベルサイユ条約を実質反故にするものだった。

ドイツ海軍は軍艦保有の上限をイギリスの三五％の規模とするとし、潜水艦（Uボート）の建造は対英四五％だった。但しUボートについては状況によっては対英一〇〇％までの建造が可能となっていた。これに従えばドイツは最大で、戦艦五、航空母艦二、巡洋艦二一、駆逐艦六四の新造が可能となったのである。(8) 主要国には寝耳に水の協定であった。

ドイツはこの協定に先だって徴兵制までも実施していた（一九三五年五月）。

注

（1） Tansill 前掲書、p139.

（2） Essay from "Australia's Foreign Wars : Origins, Costs, Future?!" p2. http://www.anu.edu.au/emeritus/members/pages/ian_buckley/introduction.pdf

（3）（4） 同右、p3.

（5） 同右、p4.

（6） 同右、p3.

（7）（8） 同右、p5.

第二節　イギリスの対独宥和外交　その二　ドイツのラインラント進駐（一九三六年）

英独海軍協定の成立は当然に次なる外交ドミノを惹起した。猛烈な反ドイツ感情を抱き続けるフランスのロシア接近である。フランスはドイツの再軍備の動き（一九三五年三月の再軍備宣言）に敏感に反応した。それが露仏相互援助条約となりパリで調印（一九三五年五月二日）

された。しかし批准までには時間があった。ドイツが国防上もっとも嫌うのは東からロシアに西からフランスに攻められる二正面作戦を強いられるケースである。長期にわたって友好関係にある仏露両国の動きにヒトラーは敏感だった。彼はこの条約が批准されないことを望んでいた。しかしフランスは結局批准した（下院、一九三六年二月二七日）。これを受けてヒトラーは、ドイツ軍をラインラントに進駐させた（一九三六年三月七日）。明らかなベルサイユ条約違反行為であった。しかし、条約が批准された以上は、ラインラントを無防備のままにしておけなかった。

イギリスの対独宥和姿勢を肌で感じていたヒトラーは英国はこの動きに理解を示すだろうとの自信はあったが、フランスの反応は予断を許さなかった。ところがフランスの軍事的反攻はなかった。フランスはイギリスからの支援がないこと、つまり英国は親独にその外交姿勢を変えていたことをわかっていたからだった。イギリスは、賠償金問題でもそうであったがドイツに対してあまりの懲罰的態度を取ることには躊躇していた。フランスの過酷な賠償金要求に与したのは、自らの反独プロパガンダの結果激高していた国内世論に自縄自縛になっていたからであった。

しかし時の経過とともに、弱々しいドイツは、共産主義の餌食になるばかりでなく、イギリス経済にとってもマイナスになることを恐れた。だからこそイギリスは徐々に対独宥和に舵を切ったのである。そんなイギリスにフランスが頼れるはずもなかった。フランスの不安は当たっていた。イギリス国会はラインラント問題をしばらくの間議論さえしなかった。議論が始まったのは三月二六日のことである。進駐から既に三週間近く経っていた(1)。

露仏相互援助条約では、このような場合には両国だけでの行動の前に聯盟への提訴が規定されていた。両国だけでの単独行動を認めていなかった。フランスはこの問題をロンドンの国際聯盟理事会に提訴した。しかし、ドイツに対する制裁に賛成したのはわずかにロシア一国だけだった。

注

(1) "Australia's Foreign Wars : Origins, Costs, Future?!" p11.

第三節　スペイン内戦へのドイツの介入　その一　内戦の原因

さてここまでの記述は、ヨーロッパ中央と英露仏の動きを詳らかにしたものである。このような歴史の流れの中でスペイン内戦が勃発した。この内戦は、第二次世界大戦を理解するうえで極めて重要な意味を持つ。一般的な歴史書のほとんどが歴史修正主義と対極をなすFDR・チャーチル外交を是とする歴史観によって書かれている。繰り返しになるが、この歴史観の特徴はこの二人の政治家の評価に不都合な史実を極力軽視するか、あるいは全く触れないことにある。ハーバート・フーバー元大統領は、このような史観で歴史を語ろうとする人々を釈明史

図6　パブロ・ピカソ「ゲルニカ」（1937年）

観主義者（アポロジスト：apologist）と表現していることは「はじめに」で書いた。

釈明史観に立つとスペイン内戦の本質を書き込むことは都合が悪い。その詳細は後述するが、この戦いこそがFDR、そしてチャーチルがヨーロッパ大陸の動きに干渉しなかった場合に起こったであろう結果を示しているからである。スペイン内戦そのものは悲惨ではあったが、ヨーロッパ西端の国スペインだけの局地戦であった。世界大戦にまで広がらなかった。スペイン内戦を深く考察すれば、あの第二次世界大戦はドイツとソビエトの間では悲惨で醜い激戦になっただろうが、けっして世界大戦にならなかった可能性が極めて高いことがわかる。FDRとチャーチルさえいなければ、ヒトラーとスターリンの壮絶な戦いはあっても、第二次世界大戦は起こらなかったと考える歴史修正主義史観のロジックが理解できる。

スペイン内戦について必ずと言って取り上げられるのはパブロ・ピカソの名画「ゲルニカ」である。スペイン内戦に参加したドイツ空軍「コンドル軍団」によって民間人が犠牲になる都市無差別爆撃の始まりとされるだけに、教科書に取り上げやすくその後のナチスドイツの非道さをビジュアルで訴える効果がある。筆者は、この作品の絵画的価値は高く評価する一方で、これが釈明史観主義者によってスペイン内戦の持つ意味を深く考察させないための手段に使われていると疑っている。従ってスペイン内戦の原因と経緯を理解することは、釈明主義史観によって曇っている眼を澄んだものにするために有効である。

スペインでは、一九三一年四月一二日の選挙によって共和制を求める勢力が選挙に勝利した。これによって、国王アルフォンソ一三世はスペイン国王の座を追われた。スペイン第二共和制の始まりである。国民の王政に対する強い不満の爆発の結果だった。当時のスペインは、農業国であり、およそ五万の地主階級の所有する土地に、二〇〇万の小作農が働いていた。同国の貧困はヨーロッパ諸国のなかでも際立っていた。このような情勢の中で、多くのスペイン人は他の政体に憧れた。共産主義、社会主義あるいはより過激な無政府主義への傾倒だった(1)。

スペインは共和制移行後も安定せず労働争議が多発した。一九三六年の選挙では左翼勢力が人民戦線(Popular Front)を結成し、保守勢力に僅差で勝利した。政権を掌握したのは過激思想を持つ政治家マヌエル・アサーニャだった(大統領就任は一九三六年五月)。アサーニャのとった政策は保守派の激しい反発をかった。彼は、土地所有制度の改革を進めながら、同時にカタロニア、バスクの自治を容認した。さらにいくつかの保守政党を非合法化し、保守派陸軍幹部を遠隔地に左遷した。その一人に、スペイン領カナリア諸島総督に左遷されたフランシスコ・フランコがいた。

注

（1） Adam Namm, The Spanish Civil War : An Analysis, National War College, 2003, p1.

第四節　スペイン内戦へのドイツの介入　その二　フランシスコ・フランコ将軍

前節に書いた政策に加え、アサーニャはスペイン政治に深く根を張り巡らしていたカトリック教会にもメスを入れた。共和派は、カトリック教会は既成富裕勢力と一体であり、教育制度（内容）をも独占し、旧体制のシンボルだと見做していた。それだけに共和派内過激派はカトリック教会を敵視した。そんな中で教会関係建物の放火事件が相次いだ。ところがアサーニャ政権はこうした過激行動を取り締まるのではなく、カトリック系学校の閉鎖を命じたのである。抗議が相次ぐとアサーニャは次のように述べカトリック教会を激怒させた。

「全ての修道学校を合わせた価値は、共和制支持者一人分の価値もない[1]」

内治の混乱で資本の逃避も著しかった。ナショナリズムに燃える軍関係者が共和国打倒声明を発したのは一九三六年七月一九日のことである。スペイン陸軍には二つの勢力があった。一つは本国（大陸内）に駐留する部隊で一二万がいたがその練度は低かった。もう一つは海外領土（主として北アフリカのモロッコ）に展開する三万四〇〇〇の軍である。数は少なかったが、度重なる実戦で兵士は戦い慣れしていた。強力な外人部隊も擁していた。左遷されたフランシスコ・フランコは北アフリカ方面軍の司令官であった。

スペインの情勢をドイツ、イタリア両国は不安げに見つめていた。ヨハン・フォン・プレッセン独駐ローマ代理公使は、本省に、「スペイン共和国政府の成立は共産主義の勝利と同じ価値がある。イタリアでは、そのような（勢力の）拡大を思想上の理由から恐れている。（中略）スペインがこの思想に陥落すると、それは国境を越えてくると心配している」（一九三六年八月一四日付）と報告した。[2] この報告の通り、ムッソリーニ首相はスペインで左派が勝利すればその動きはフランスに伝播し、さらに西ヨーロッパ全体に広がってしまうことを恐れていた。フランスでは同年五月には左翼連合である人民戦線が選挙に勝利しレオン・ブルム政権が成立していた。[3] フランスはソビエトとの軍事協力交渉も続けていた。（交渉は一九三七年まで続いた。）スペインが共産化すれば、既に左翼政権の成立していたフランスとともに、イタリア、ドイツへの思想攻撃が強まることは確実だった。

独伊両国は何としても共産主義勢力がスペインで地盤を固めることを阻止したかった。両国はフランコ反政府軍支援を決め、モロッコに駐屯する反政府軍をスペイン本土に空輸した（七月二六日）。これは協調介入ではなかったが、両国の間には既に阿吽の呼吸が形成されていた。イタリアは一九三五年一〇月にエチオピアに侵攻しイタリア領東アフリカを創設していたが、ドイツは不干渉の立場をとって暗黙裡にイタリアの行動を支援していたのである。フランコ支援をヒトラーは七月二六日に、ムッソリーニは七月二七日に決めた。ムッソリーニは、外交筋の情報をもとに英仏ソは、この内戦に干渉しないと判断していた。

ほぼ同時期に決定をみたイタリアのフランコ支援をヒトラーは喜んだ。ヒトラーは、ハンガリー摂政であるホルティ・ミクロシュ提督に、今後の独伊関係はより親密化するだろうとうれしそうに語っていたことが知られている。[4] フランコ支援の動きで両国の協力関係が深まった結果が、後の独伊軍事同盟（鋼鉄協約）であった（一九三九年五月二二日）。

共産主義の西欧諸国における浸透の深まりを示すように、独伊両国のフランコ支援に左翼勢力が動いた。各国から、スペイン共和国側に立って戦うことを決めた義勇軍がマドリードにやってきた。その数は総勢四万にも上った（内訳：英国二〇〇〇人、米国二八〇〇人、イタリア三三五〇人、ウクライナ・ポーランド五〇〇〇人、独墺五〇〇〇人、フランス一万人など）。

注

（1）Namm前掲書、p2.

（2）（3） Glyn Stone, Italo-German Collaboration and the Spanish Civil War, 1936–1939, University of the West of England, 2009, p3. http://eprints.uwe.ac.uk/11756/2/Italo-GermanCollaborationSCW.pdf
（4） 同右、p2.

第五節　スペイン内戦に対する英仏の態度とソビエト外交

イギリスは明らかに親フランコの立場であった。当時の政権はスタンリー・ボールドウィン（保守党）が率いていた。イギリスが警戒したのはフランスによる介入だった。前述の通りフランスは人民戦線内閣であっただけに親共和国の立場であるのは明らかだった。英国駐パリ大使のジョージ・クラークは、イボン・デルボ外相に対し、「もしフランスがスペイン共和国政府に武器を供給し、その結果ドイツとの紛争になった場合、ロカルノ条約で規定された対仏支援はしない」と伝えた。これを受けてフランス政府はスペイン政府への武器輸出を禁じる声明を出した(1)（一九三六年七月二五日）。

これによってスペイン共和国政府は軍需品供給の道を断たれた。アメリカも一九三五年に成立した中立法をスペイン内戦に適用し、交戦国への武器輸出を止めていた。（ただし石油については軍需品から除外されていたため、フランコ寄りの米国企業はポルトガル経由で反政府軍への供給を続けていた。）カトリックの国ポルトガルが親フランコだったのは当然だった。

八月一日、フランス政府は非介入方針を英国に伝え、イギリスはその決定を諒とした（八月四日)。さらに加えてフランスは、他のヨーロッパ諸国にも同様の方針を取らせる外交を展開した。独伊のフランコ支援を止めさせたかったのだ。八月二六日、ロンドンにスペイン内戦非干渉委員会(Committee for Non-Intervention in the Internal Affairs of Spain)を設置することを提案した。非干渉会議の第一回会合は九月九日に始まった。この会議もヨーロッパ外交の魑魅魍魎性を典型的に示していた。既に介入していた独伊両国に加え、介入したいが英国の態度を斟酌して動けないフランス、国内が介入か国際協調かで二分されているソビエト、スペインの共産化を嫌うイギリスなどがそれぞれの思惑を隠しての会議だった。委員長には英国代表のプリマス卿(アイバー・ウィンザー＝クライブ)が就いた。非干渉協定は二四ケ国によって調印された。独伊両国は調印したもののはなから協定を守る気はなかった。

スペイン国内の情勢は目まぐるしく変化していた。九月末にはフランコが正式に総司令官に指名され、政府機能を持つ国家専門評議会が設置された。この組織の首班にフランコが就き、独伊両国との交渉はこの組織が担った。一〇月に入ると反政府軍はマドリード近郊にまで迫り、首都攻防戦が始まった。一一月一八日、独伊両国はフランコ政権を正式に承認し、ドイツは空軍部隊「コンドル軍団」、イタリアは地上部隊「義勇兵団」を派遣した。一方バスク自治を認める共和国にバスク地方政府が協力した。その結果がコンドル軍団によるバスクの地方都市ゲルニカの空爆となった(一九三七年四月二六日)。

独伊両国の支援を受けた反政府軍の攻勢に、共和国軍はよく抵抗したが次第に劣勢に追い込まれていく。一九三七年一〇月末には、共和国政府はバルセロナに政府機能を移した。先に書いたように共和国政府はバルセロナのあるカタロニアの自治権強化を認めていた。それだけに共和国にこの地方政府は協力的だったのである。

ソビエトではスペインの戦況を見て、介入派が優勢となっていた。それだけに独伊ポルトガル三国の反政府軍支援に苛立った。一九三六年一〇月には三度（七日、一二日、二三日）にわたって、非干渉委員会に抗議し、反政府軍への支援が止まない場合、ソビエトは非干渉協定を破棄すると伝えた。抗議と並行してソビエトは支援を実質始めていた。ソビエトからの最初の軍事物資は一〇月初めには届いていた[2]。スペイン共和国は、ソビエトからの支援強化を望んだが、独伊の規模に匹敵する支援は得られなかった。その理由は、スターリンは支援を露骨に強化すれば、非干渉政策を遵守するイギリスがフランコ支援にまわることを恐れたからであった。このことは、彼が支援強化を懇願するスペイン駐モスクワ大使マルセリノ・パスクアに語った言葉で窺い知ることができる（一九三七年二月二日）。この日、アサーニャ大統領はソビエトとの友好条約を結びたいと考えていることをパスクア大使を通じてスターリンに伝えた。それに対してスターリンは次のように答えたのである。

「（スペイン共和国とソビエトが特別な友好関係にあることを示すよりも）むしろそのような特別な関係がないことを示す方が得策ではないか。我々が共和国を支援しなければ、逆にイギリスが共和国を助けてくれる可能性もある[3]」

このスターリンの物言いからもよくわかるように、ソビエトは少なくともおおっぴらに共和国を支援したくなかった。一九三七年の初めには、スターリンは軍事支援と共産党プロパガンダ工作は継続するが、眼に見える外交の舞台では一歩下がった態度をとることに決めた[4]。

結局スペイン共和国は積極的なソビエトの軍事支援を受けることに失敗し、しだいに劣勢となった。フランコは一九三七年四月頃から内戦後の新国家建設の枠組み作りに着手した。四月一九日には政党統一令を出しフランコを党首とするファランヘ党以外の政党を禁じた。一九三七年一一月、イギリスはフランコ政権を承認した。三八年一月には最初の内閣が組織された。

注

（1）Soviet Union and the Spanish Civil War, Compass, 123, April 1996. http://www.oneparty.co.uk/compass/compass/com12301.html
（2）Soviet Diplomacy and the Spanish Civil War, p3. http://www.gutenberg-e.org/kod01/print/kod04.pdf
（3）同右、p4.
（4）同右、p11.

第六節　ドイツの防共姿勢を賛美するイギリス保守派

前節までの描写で明らかなようにスペイン内戦は、イギリス保守派の狙い通りの結果を生んだ。彼らの最も恐れるボルシェビキ思想の拡散を、二つの全体主義国家をして防がせたのである。イギリスが、その主役を演じたヒトラーに感謝するのは当然であった。

スペイン内戦が激化する一九三六年九月、イギリスの元首相ロイド・ジョージはベルヒテスガーデン（バイエルン州南端の山村にあるヒトラーの山荘）でヒトラーと会談した。この模様はユーチューブにアップされている映像でも確認できる。(1)ロイド・ジョージは一八六三年生れの老政治家であり、第一次世界大戦では好戦的政治家ウィンストン・チャーチルとともに英国参戦を決めた。ヒトラーが激しく嫌悪するベルサイユ体制を構築した中心人物であった。映像では白髪の目立つロイド・ジョージが、ヒトラーの山荘で楽し気に食事をし、ヒトラーと歓談する姿が確認できる。山荘を発つロイド・ジョージを、ヒトラー護衛の兵士はナチス式敬礼で見送っている。それに満足そうに応えるロイド・ジョージの姿がはっきりと見てとれる。

ここで何が話されたかの公式記録は残っていない。しかしロイド・ジョージの秘書であったT・P・コンウェル＝エヴァンズが記録を残していた。(2)二人は英独友好親善関係の構築について語り合っただけではなかった。ロイド・ジョージはヒトラーが先の大戦で荒廃したドイツを再興させたことに喜んでいた。ヒトラーのドイツが、共産主義、社会主義と言ったあらゆる集産主義的思想からドイツを防衛していることを評価した。集産主義の思想はヒトラーだけでなくロイド・ジョージにとっても危険なものに映っていたのである。

「ボルシェビキ思想は、軍事力そのものよりも危険で国家をバラバラにする力をもっている。スペイン内戦で、共和国政府が勝利したらそれはスペインの勝利ではない。それはアナーキーなソビエト思想の勝利であり、野蛮の勝利である。そうなってしまえば、この危険な思想はフランスにそしてチェコスロバキアに伝播する。ドイツは、ボルシェビキ思想の海に囲まれた孤島と化してしまうだろう」（ヒトラー）

「ドイツだけではなくイギリスもボルシェビキ思想に包囲される危険がある」（ロイド・ジョージ）

図7　ロイド・ジョージを迎えるヒトラー（1936年9月4日）

二人の政治家は、ソビエトの軍事力そのものよりも共産主義思想の怖さを十分に認識し、それがヨーロッパ各国に伝播していく危険性を強く感じていた。ただ二人の間には若干の温度差があった。ヒトラーは、ソビエトとの協調的外交をとるフランスとチェコスロバキアを警戒していた。これを打破するためにフランスも含めた独英仏の三国同盟結成が必要だとの考えを示した。この指摘にロイド・ジョージは理解を示したもののベルサイユ体制あるいはロカルノ条約体制を壊してまであらたな体制を構築する必要はないと考えていた。[3] 仮にそうなるとしてもそれは時間をかけての作業だと考えたのである。

注

（1）https://www.youtube.com/watch?v=e_ApfE3Wjxg
（2）Essay from "Australia's Foreign Wars : Origins, Costs, Future?!" p14.
（3）同右、pp14-15.

第七節　ロイド・ジョージのヒトラー評価

先に書いたようにロイド・ジョージという政治家はドイツにとってベルサイユ体制を構築した憎むべき政治家だった。しかし、ヒトラーはイギリスを恨まなかった。『我が闘争』の中でそう主張していた。ヒトラーはイギリスの後ろ盾を得て東方に向かいたかった。ヒトラーにとって、英独海軍協定（一九三五年）も、スペイン内戦における英国の非干渉政策（ソビエト及びフランス人民戦線内閣の介入牽制）も、イギリスが彼の構想を理解した現われであった。ドイツの東方進出への条件は次第に熟していった。そのことを書く前に、ロイド・ジョージが、前節に書いたヒトラーとの会見をどのように評価していたか詳しく確認しておきたい。そうすることがヒトラーの心理を探ることに役立つからである。

ロイド・ジョージのヒトラー観は、彼自身のデイリー・エクスプレス紙への寄稿記事（一九三六年一一月一七日）によって知ることができる。(1) 歴史修正主義の本質を理解する意味でも彼の考えを知っておくことは重要である。当該記事のほぼ全文を以下に示しておく（翻訳は筆者）。

私はヒトラーと話した

「私はドイツ訪問から帰ったばかりである。短い滞在であっただけに出来ることといえば、その場の印象を語ることぐらいである。あるいは、これまでメディアの報道あるいはドイツを身近に見てきた人の観察を通じて自身の頭に出来上がっていたドイツ観というものを再検討するくらいのものである。

私は今回の旅であの有名な指導者（ヒトラーのこと）に会うことができた。また彼が進めてきたドイツの大きな変化を見た。彼の政治手法は、議会が機能している国ではけっして出来ないものである。そのことに対する意見（批判）はあるにしろ、彼がドイツ国民の精神を鼓舞し、自信を回復させ、これからの社会と経済に対する希望を持たせたのは事実であり素晴らしいことである。

ヒトラーは、四年間の指導で新生ドイツを築いたとニュールンベルクで語っていた。現在のドイツはあの戦争が終わってからの一〇年間の惨めなドイツではない。あの頃のドイツ国民は、心が砕け、何もかもに落胆し、不安に苛まれていた。存在の意義さえ見いだせないほどであった。そのドイツが蘇った。いま希望と自信に溢れ、新しい生活への意欲を見せている。外国からの干渉なしでそれができると信じている。

ドイツはあの戦争以来初めて他国から脅かされているという不安を一掃することができた。その喜びの気持ちがドイツ全土に広がっている。私自身も今回の旅でそれを実感した。実際、旅先で会ったドイツをよく知るイギリス人も感激していたのである。

この変化をもたらしたのはたった一人の男(ヒトラー)である。彼は生まれながらにして指導者であった。人を惹きつける魅力がある。強い意志を持ち、恐れを知らない勇気がある。彼は名だけの指導者ではない。現実に先頭に立ってドイツ国民をひっぱっている。彼は、ドイツを包囲する国々の脅威を取り除き国民に安心をもたらした。飢饉の恐怖から国民を解放した。ドイツ国民はあの戦争中そして戦いが終わってからの数年間は飢えに苦しんだ。七〇万以上が命を失った。その頃に生まれた子供たちの体形にその後遺症を見る。ヒトラーは、この国を絶望、貧困、屈辱から解放した。だからこそ新しいドイツにおいて揺るぎない権威を獲得したのである。

彼の人気は若年層では圧倒的である。もちろん老年層も彼を支持するがそれは彼を信用するという意味である。若年層はヒトラーを偶像視している。国民的英雄なのである。単に人気のある政治家という域を超えている。ドイツを失望から救い、落ちた国家権威を回復してくれた真のヒーローなのである。

確かに、ドイツではおおっぴらに政府を批判することは許されていない。だからと言って政府批判がないわけでもない。講演会ではナチス党の演者が自由な雰囲気で批判されている。そうでありながらヒトラーに対する不満の声は聞かれなかった。彼は、あたかも王政国家の国王のようであって、国民は彼を批判しないのである。国王以上の存在なのかもしれない。ドイツにおけるジョージ・ワシントンといってもよいだろう。全ての敵を排除してドイツを勝利させた人物として畏敬しているのだ。

ヒトラーが国民の心をつかんでいることを理解しない者は、私のこの描写を大袈裟だと思うだろう。しかし私の書いていることは真実なのである。偉大なドイツ国民は、より懸命に働くだろうし、自己犠牲も厭わないであろう。もし再び戦うことをヒトラーが求めたら強い意志をもってそうするであろう。これがわからない者は、新生ドイツが持つ多くの可能性も理解できない。

ドイツは昔ながらの帝国主義的な国家に逆戻りしてしまったと疑っているものもいる。こういった連中は、ドイツの変貌の本質がわかっていない。彼らは、ドイツ（の再建した）陸軍が国境を越え侵略するかもしれず、それがヨーロッパの安全を危うくするなどというが、彼らはあたらしく生まれている世の中を見ていない。

ヒトラーがニュルンベルクで語ったことは間違っていない。ドイツは侵略者に対しては最後まで抵抗するであろうが他国を侵略する意図はない。ヨーロッパは、ドイツ一国（他の国でも同様だが）によって蹂躙されるあるいは転覆させられるほどやわではない。ドイツがどれほど軍事力を増大させてもそのことは変わらない。みな先の大戦から学んだのである。
ヒトラーは先の大戦で現実に前線で戦った。自身の経験から戦争の何たるかをわかっている。現在の状況では侵略はかつてより難しくなっている。（中略）ヒトラーはイタリアの強さも認識している。現在のロシア軍が一九一四年とは比べ物にならないほど強化されていることもわかっている。大戦前のドイツには、ヨーロッパ覇権を獲得するという軍国主義的野望があった。しかし現在のナチズムにはそのような気配などは全くない」

注

（1） 記事原文は以下のサイトで確認できる。http://rense.com/general43/lloyd.htm

第六章　ヒトラーの攻勢とルーズベルト、チェンバレン、そしてチャーチル

第一節　ウォール街の申し子であったヒトラー警戒

先に、ウォール街の申し子であったジョン・フォスター・ダレスが対ドイツ投資案件を次々にまとめ上げていったことを書いた。アメリカ企業はアメリカ国内では禁じられたトラスト形成をドイツで実行し、存分に独占的利益を享受する体制を作り上げていったことも書いた。そのトラストの中心は総合化学メーカーのIGファーベン社であった。他にも電機分野ではAEG（ドイツGE）、鉄鋼分野ではユナイテッド・スチールワーク（Vereinigte Stahlwerke）があった。その寡占の程度は以下の数字によく表れている。[1]

IGファーベン社　マーケットシェア（数字は一九三七年時）
合成メタノール　一〇〇％
マグネシウム　一〇〇％
窒素　七〇％
火薬　六〇％
合成ガソリン（高オクタン）四六％（これは一九四五年時の数字）

ユナイテッド・スチールワーク　マーケットシェア（数字は一九三八年時）

銑鉄	五〇・八％
鋼管	四五・五％
鋼板	三六・〇％
火薬	三五・〇％

ここでの数字が示すように、ドイツ経済は、アドルフ・ヒトラーの全体主義的経済政策と、思う存分のカルテル化によって目覚ましい発展を遂げていた。そうしたカルテル巨大企業はウォール街（米国）やシティ（ロンドン）からのファイナンスを受けていた。国際ファイナンス業務の重要な作業の一環である法務を見たのが国際法務事務所サリバン&クロムウェルのジョン・フォスター・ダレスだった。

一九三三年、政権を握ったヒトラーはドイツから発信される手紙は「ハイル・ヒトラー（ヒトラー総統万歳）」で締めくくらせることを義務付けた。ドイツ経済再興に尽力してきたジョンは全く気にならなかった。

「ドイツ、イタリア、日本は動的な力が溢れる国である。ヒトラーの、半ば公然の再軍備の動きは、これまで抑制されていた可能性に気づいたためである。彼らは自らの意志で行動する自由を得た」と主張しドイツを擁護した。(2) 彼の顧客である「スタンダード石油やGE（ゼネラル・エレクトリック社）は、ドイツの政治状況がいかなるものであっても、S&C（国際法務事務所サリバン&クロムウェル）は積極的な役割を果たすべきだ」[3]として、ジョンの考えを支持した。

ジョンのドイツ事業への傾倒を批判したのは同じ事務所で働く弟のアレン・ダレスだった。ナチスドイツの全体主義的経済運営に不安を感じ、ドイツマーケットからの早期撤退を主張した。ドイツ市場についての検討会がサリバン&クロムウェルのニューヨークオフィスで始まったのは一九三五年夏のことである。

「ドイツから帰ったばかりだが、もはやあの国に留まることは不可能だ……顧客は、どうやったら法を逃れられるかを相談にくる。どうやって法を守るかを聞きにくるんじゃない。そのようなところでは法律顧問の仕事は成り立たない[4]」

これがアレンの総括だった。議論の最後に議長役のジョンが挙手による決をとった。彼を除く全員がドイツ市場撤退に賛成した。ジョンの目には涙が滲んでいた。自らの意志に反して、ドイツ一国を断罪する戦争責任条項を起草した自責の念、国際法務のエキスパートとしてドイツ再興に手を貸した金融支援スキームへの尽力。そうした感情と記憶が彼をして涙を流させた。サリバン&クロムウェルは事務所としてはドイツ市場から撤退する決断をしたが、ジョンのドイツへの愛情は変わらなかった。彼は一九三六年、三七年、三九年にドイツを旅した。フランクリン・ルーズベルト（FDR）政権が反共の三つの国（独伊日）への強硬外交（後述）を始めてもこれらの国を擁護し続けたのである。[5]

ドイツ経済をもっともよく知った男はドイツを諦めきれなかった。しかし、法務事務所の総意はドイツから距離を置くことに決まった。これはウォール街全体を覆う空気だった。この変化が、ヒトラー政権を嫌うFDRの外交に追い風となった。

注

（1）（2）（3）http://www.reformation.org/wall-st-ch1.html

（4）（5）キンザー前掲書、九八頁。

同右、九九頁。

第二節　ドイツ経済の躍進

サリバン&クロムウェルはドイツ投資法律顧問業務からの撤退を決めた。しかし、ドイツ経済はその後も目覚ましい発展を続けている。ジョン・フォスター・ダレスが国際ファイナンスを通じて手配した資本と、ヒトラー政権の進めた国家社会主義経済政策が機能的にリンクし、他のどの国も羨む経済成長を見せたのである。ヒトラー政権時代の経済運営の成功は、釈明史観主義に立つ歴史学者がもっとも嫌う事件（事象）の一つである。ナチスのユダヤ人迫害が目立ち始めるのは一九三八年一一月以降のことであるが、その事実は当時ほとんど知られていなかった。ヒトラーが一九三三年初頭に政権を奪取してから三八年までの時代は、彼の反ユダヤ人の訴えは世論を意識したもので、主張と行動は別であるとみる識者が多かった。

反ユダヤ主義運動が高まりをみせその後のホロコーストへの転換点ともなったと言われる「水晶の夜」事件は、一九三八年一一月九日から一〇日未明に起きている。ドイツ各地のユダヤ人宗教施設（シナゴーグ）や商店が襲撃され破壊された事件である。その後のヒトラーの評価は、しだいにホロコーストのイメージとダブっていくことになる。しかし、同時代の人々は、我々の脳裏から離れないホロコーストのイメージを持っていない。従って当時の人々は、ヒトラーを、国家社会主義思想の下で、多少強引でありながら（民主主義的手法とは違うが）どん底にあったドイツを見事に再興させた強力なリーダーとしてみていた。二九年の不況から抜け出せない他国の指導者には羨望の思いまであった。先に書いたロイド・ジョージのヒトラー評価は、現代においては強い違和感を持たせる。しかし同時代人にとっては極めてまっとうなものだった。ナチスドイツに詳しくヒトラーの評伝も著しているドイツの歴史家ヨアヒム・フェストは自著の中で次のようなヒトラー評価を紹介している。

「もし一九三八年末にヒトラーが暗殺されたりあるいは事故死でもしていれば、彼をドイツ史上最高の政治家の一人とみなすことに躊躇するものはほとんどいないであろう(1)」

ヒトラーの進めた経済運営の成果はどれほどのものだったのだろうか。これについては歴史修正主義に立つ歴史家マーク・ウェバーの論文「ヒトラーはいかにして失業問題に対処し、ドイツ経済を再興させたか[2]」に詳しい。彼の分析のエッセンスをここに紹介しておきたい。

ヒトラーは、宰相に任命された二日後ラジオを通じて国民に次のように訴えた。当時、世界恐慌の影響がドイツにも及びドイツ経済の停滞も深刻だった。街には六〇〇万の失業者が溢れていた。

「わが国民の惨状は見るに堪えない。数百万の失業者が腹を空かせている。全ての中間層や職人層が崩壊した。もしこれがドイツ農民にまで広がってしまえば、我が国は破滅する。そうなればドイツ国家の崩壊であり、（ドイツ国民が培ってきた）二〇〇〇年にも及ぶ文化文明の遺産も全て台無しになる」

「四年以内に失業問題は解決させなければならない。マルクス主義政党あるいはその同盟者らは、何ができるかを見せるためにすでに一四年間も権力を握っている。しかし結果は無様なままである。ドイツ国民は我々（ナチス党）に四年間という時間を与えてくれた。我々に（失業問題解決の）責任を委ねてくれたのである」

ヒトラーはこのように国民に訴えると、直ちに失業者対策に取り組んだ。民間企業への補助金拠出や税還付を実行した。また公共投資にも積極的であった。オートバーン（高速道路網）、住宅建設、鉄道敷設あるいは港湾浚渫運河開削プロジェクトに巨額な資金が投入された。結婚するものたちのために貸付制度を導入し消費を刺激した。

この政策は驚くほどの効果を挙げた。ヒトラーが国民への約束をした時期（一九三三年初め）の失業者は六〇〇万だったと書いた。一九三六年にはそれが一〇〇万にまで激減し、一九三七年から三八年にはいると労働力が不足するまでになった。実質賃金も一九三八年には対三二年比で一四％の上昇をみせた。インフレはほとんど起きていない。一九三三年から三九年の消費財価格の上昇率はわずか一・二％だった。

ナチス党の主張は、共産主義のように階級闘争を煽るものではなかった。全ての階級の底上げで生活水準向上を目指した。従って労働者を大切にした。八時間労働、超過勤務手当、職業訓練、生産現場でのレクリエーション施設の充実を進めた。階級闘争を煽らない政策だけに、労働者の生活改善と同時に企業経営者あるいは管理者を敵視することも無かった。かれらの所得も大幅に改善を見せた。一九三三年から三七年の四年間で五〇％の所得増となった。この間の国内総生産（ＧＤＰ）は年率およそ一一％の成長を見せた。所得税も累進的であった。富裕層（年収一〇万マルク以上）の最高税率は三八％程度であったが、人口のほぼ半分を占めた低所得者層の税率は四・七％に過ぎなかった。

国民生活の向上は旺盛な消費がよく示している。対一九三二年比で一九三八年のワイン消費は五〇%増、自動車保有台数は三倍になった。ドイツで生産を始めていた米国企業フォード、GM（オペル）も十分に利益を上げていた。目を見張る経済発展を現実にみた共産主義者あるいは社会民主主義者の中にも次第に国家社会主義を信じるものが増えてきたのである。これがマーク・ウェバーの分析である。

一九三六年ベルリンで夏季オリンピックが開催された。このオリンピックはナチスのプロパガンダの祭典であったと多くの史書が書くが、その評価はナチスドイツのその後の歴史を知っているという「歴史の色メガネ」を通してのものである。当時の人々は、ナチスがその後に行った悪行など知る由もない。従って、このオリンピックは国家社会主義による経済運営の成功をヒトラーが世界に表明した祭典であった、と素直に理解すべきなのである。

またユダヤ人問題について言えば、彼らのビジネスは一九三七年までは何の問題もなく利益を上げていた。前述の論文でウェバーは次のように書いている。

「ヒトラーが政権をとってから五年経った時点でも、ビジネスの世界ではユダヤ人は重要な役割を果たしていたし、不動産も多く所有していた。それは特にベルリンで顕著であった。これが大きく変化したのは一九三八年であり、一九三九年末になるとユダヤ人はドイツのビジネスの世界からほとんど一掃された」

従って、繰り返しになるが、ナチスドイツの外交を考える場合、一九三八年末までは各国から驚きと羨み（妬み）と賞賛の目で見られていた事実を忘れてはならない。

注

（1）J. Fest, Hitler : A Biography, Harcourt, 1974, p9.

（2）Mark Weber, How Hitler Tackled Unemployment and Revived Germany's Economy, Institute for Historical Review, November 2011 & February 2012. http://www.ihr.org/other/economyhitler2011.html

第三節　日独防共協定とルーズベルト政権の意地悪な対日外交　その一

ここまでで、ドイツが目覚ましい経済発展を遂げつつあり、かつスペイン内戦では共産主義に抵抗するフランコ反政府軍を支援していたことを書いた。このような状況の中で、日独防共協定が締結された（一九三六年一一月二五日）。日本の史書では、評判の悪い日独伊三国同盟（一九四〇年九月）への序章となったとされる協定である。しかし、防共協定が締結されたのは、ロイド・ジョージの好意的なヒトラー評価がデイリー・エクスプレス紙へ寄稿（一九三六年一一月一七日）されたわずか一週間後のことなのである。イギリスは、スペイン内戦では意図的に非干渉政策の音頭をとり、左翼政権であるスペイン共和国を外国勢力が支援することを牽制した。これは体の良い反共政策だった。ロイド・ジョージの寄稿でも明らかなようにヒトラー政権を評価するイギリス、特に反共の保守派が日独防共協定を否定的に見るはずもなかった。

防共協定の正式名称は「共産『インターナショナル』に対する日独協定及付属議定書」である。

しかし、なぜ日本は共産主義の拡散への対抗にドイツを頼ったのだろうか。ヒトラー政権の反共の姿勢は評価できたとしても、極東の反共政策の推進にはドイツは距離的に遠すぎる。本来であればアメリカの理解を求めるべきではなかったか、という疑問が湧く。このことを書く前にドイツの日本嫌いを先に書いておかなくてはならない。第一次世界大戦では、あらためて述べるまでもなく日本はドイツの敵国であった。日英同盟を根拠にドイツに宣戦布告した。ドイツが巨費をかけて都市計画、港湾拡張を進めた青島は東洋のベルリンであった。ドイツの青島建設の詳細は拙著『日米衝突の萌芽1898―1918』（草思社）（6章「迷走するドイツ外交」）に書いたのでここでは繰り返さないが、ドイツは巨費を投じて鄙びた漁村を「小ベルリン（近代的都市）」に変貌させていた。しかしロジスティックスに脆弱なドイツ太平洋艦隊はたちまちに日本帝国海軍の前に敗れ青島は陥落した。多くのドイツ人が捕虜となりドイツ人捕虜収容所が日本各地に建設された。徳島県には板東俘虜収容所（現鳴門市）があった。当時の模様は博物館（鳴門市ドイツ館）や映画撮影のために再現されたロケセット（バルトの庭）が保存されており今でも窺い知ることができる。ドイツは、アジア植民地の宝石である青島を失い、ビスマルク諸島を始めとした南洋植民地は日本、オーストラリア、ニュージーランドに奪われた。従って、本来であればベルサイユ条約に恨みを持つドイツが日本に好感情を持つはずもなかった。

そのこともあってか日本と対立する中国に、一九二八年以来四〇人から五〇人規模の退役将校を中心とした軍事顧問団を派遣していた。当初は無規律だった顧問団も、「ゼークト（Hans von Seeckt, 一九三四―三五年）及びファルケンハウゼン（Alexander von Falkenhausen, 一九三五―三八年）という『大物』の下で軍法会議を有する軍事規律ある集団に再編成され(1)」蔣介石軍の強化に貢献していた。彼らは帰国するとドイツ国防軍の現役に復帰した。またドイツは天然資源、特に武器製造に欠かせないタングステンの供給を中国に頼っていた。中国への武器輸出も盛んでドイツ全武器輸出の五七・五％を占めていた(2)。更に言えば、ヒトラーの日本評価は低かった。著書『我が闘争』の中でも、「『文化創造的』アーリア人に対し日本文化を価値的に低いものとし(3)」て見下していたのである。

日本はこのようなドイツの態度を知っていた。本来であればソビエトの極東侵出に対しての防波堤となるパートナーはドイツになるはずもなかった。日本は、極東に勢力を伸ばす共産主義勢力を国家安全保障上何としてでも押しとどめる必要があった。満州国建国の意味もそこにあった。満州国建国時のアメリカはハーバート・フーバー政権であった。当時の外交はヘンリー・スチムソン国務長官が握っていたことは既に書いた。スチムソンは、一九三二年の大統領選挙で民主党のＦＤＲが当選したことで、国務長官の職を去らなくてはならないことはわかっていた。しかし、彼は対日強硬政策を新政権に何としても継続させたかった。彼は満州は中国プロパーの領土であると考えていた。ベルサイユ体制で確立した戦後体制（国境線引き）と、軍縮の流れを壊そうとする日本はどうしても許せなかった。彼は、一九一九年以降の世界政治のダイナミズム、特に共産主義思想の蔓延が惹起する世界の変化に鈍感だった。また敬虔な長老派プロテスタントであり、物事を黒か白で判断する悪癖があった。彼はリアリストとして世界を見る眼に欠けていた。

スチムソンはＦＤＲ政権発足前、つまり自身の離任前の一九三三年一月九日、ニューヨークのハイドパークにあるＦＤＲの私邸を訪れ、スチムソン・ドクトリン（満州国非承認、対日強硬外交）の継続を訴えた。この四日前には日本の出渕勝次駐米大使に、日本は国際聯盟から脱退すべきだ、と半ば脅かすような説教をしていた[4]。

スチムソンはＦＤＲの説得に何の苦労もいらなかった。ＦＤＲも中国「大好き」人間だった。母方の祖父からの莫大な遺産は清国とのアヘン密売貿易から生み出されたものだった。そのこともあって彼の親中国感情は強かった。これは今ではよく知られている事実であるが、当時の日本がそのようなＦＤＲの深層心理を読めるはずもなかった。スチムソンの訪問から八日経った一月一七日、[5]次期大統領はハイドパークの自邸で記者会見を行い、スチムソン・ドクトリンの継続を発表した。一九三四年四月、外務省情報部長天羽英二は、アジア・モンロー主義を日本がとることへの欧米の反発に不満を述べた（天羽声明）。しかしＦＤＲ政権はそれを一笑に付した。

日本は、ＦＤＲ新政権が対日外交を宥和的なものに変更するのではないかとの期待を持ち続けた。日本政府は何度も友好関係の樹立を目指すシグナルをアメリカに送った。特にそのような動きが顕著だったのは広田弘毅だった。広田は、ＦＤＲ政権が発足しておよそ半年たった九月一四日に外務大臣に任命された（斎藤実政権）。この四日後の一八日午後二時頃、米ジョセフ・グルー大使は広田の私邸を訪れている。広田の招きだった。広田は上機嫌でグルー大使を迎え、彼の外交の基本方針はとにもかくにもアメリカとの友好関係を再構築することにあると述べた。外相職を受けたのも、日米関係を好転させたいからであるとグルーに訴えた。「私は彼の言葉に嘘はなく、真摯なものだと感じた」[6]と、グルーは一九四四年に出版した『日本滞在十年』に書いている。

この書の中では触れられていないが、この時広田は、アメリカに親善使節を遣る提案をした[7]（ハル国務長官宛ての報告書）。グルーは、アメリカの国内事情を考慮してかこの提案に積極的に賛成していないが、そのような使節を送る場合の団長は「プリンス徳川」のような人物が良いと答えた[8]。「プリンス徳川」とは徳川頼貞侯爵のことと思われる。侯爵は英国留学経験があり、世界の有名音楽家との親交を持つ人物だった。政治色の薄い人物を団長にすることをグルーは勧めたのである。

グルー大使はこの広田との会談以降日本の米国との関係改善を願う姿勢が真摯なものであることを確信した。先述の歴史家チャールズ・タンシルは次のように書いている。

「グルー大使は、時の経過とともに、日本の指導者の和平を求める姿勢をしっかりと感じるようになった。天皇は、『温和で平和を願う性格であり』、西園寺（公望）公、牧野伸顕伯などの元老は、『戦争の悲惨さをしっかりと認識』していた。首相（斎藤実）は、『好戦的とは言えずむしろ和平を望み』、広田は各国との関係改善に全力を尽くしていた。林（董）男爵（注：当時は男爵ではなく伯爵）も東京倶楽部でのパーティー（注：英国駐日大使フランシス・リンドレイのためのレセプション）で、『日本は和平を希求している』と訴えた。林は天皇のお気に入りの人物であり、彼の言葉は感銘を与えるものだった[9]」

注

（1）（2）　田嶋信雄「日独防共協定像の再構成（一）——ドイツ側の政治過程を中心に——」成城法学（二四）、一九八七年、一五一頁。
（3）　同右、一四八頁。
（4）（5）　Tansill 前掲書、p114.
（6）　Joseph Grew, Ten Years in Japan, Simon & Schuster, 1944, p99.
（7）（8）　Tansill 前掲書、p128.

（9）同右、p131.

第四節　日独防共協定とルーズベルト政権の意地悪な対日外交　その二

広田の対米外交重視の姿勢は、駐ワシントン大使に斎藤博を任命（一九三四年二月一四日）したことでも明らかであった。斎藤はシアトル領事、ニューヨーク領事などを歴任したアメリカ通であり、アメリカの歴史にも詳しかった。またベルサイユ会議、ワシントンおよびロンドンの海軍軍縮会議にも参加し、アメリカには知己も多かった。彼ほど対米外交に精通するものはいない、と高く評価されていた[1]。

斎藤がまずワシントンで仕掛けた外交は、スチムソンの後任となったコーデル・ハル国務長官に、あらためて日米関係改善のシンボルとなる友好条約の締結を訴えることであった。斎藤は仮に条約締結に至らなくても、その間の交渉を通じて日本の満州政策、北部支那におけるソビエトの脅威などについてFDR政権の理解が得られるのではないかと期待した。しかしハルの反応は鈍かった。ハルは、日本を嫌い中国を心情的に支援する上司FDRの考えをわかっていただけに、慎重に振る舞う必要があった。ハルが同意したのは、互いの抱負を語り合う外交文書の交換だけであった[2]。タンシル教授はハルの態度を嘆き次のように書いている。

「それ（ハルの反応）を受けて広田は、日米両国は過去八〇年にわたって友好的なそして相互に信頼できる関係を築いてきたことを強調した。彼は、益々その重要性を増している通商関係に言及しつつ、両国間の全ての懸案を満足できる形で解決できると伝えた。日本は、太平洋を挟んだ隣国（アメリカ）とは何としても和平を維持し、友好的な関係を醸成したいと切に願っていた。これに対するハルの回答は表面上は丁寧であったが、彼の返書の行間にはスチムソン・ドクトリンの考えが滲んでいた。彼が、日本の願う新条約締結の交渉に入っていれば、後の真珠湾攻撃の理由が理解できたであろう（日米戦争は避けられた）」[3]

斎藤博が駐米大使に任命されたおよそ二週間後の三月一日、摂政の溥儀が満州国皇帝の地位に就いた。FDR政権は満州国について冷ややかな態度を続けたが、メディアは必ずしもそうではなかった。ニューヨーク・ジャーナル・オブ・コマース紙は、「（満州国は）中国内のどの地域よりも安定的であり効率的な国家経営を進めている」（三月五日付）と書いた。[4]イギリスの論調も同じようなものであった。タイムズ紙は、「極東において相当のビジネスを展開するいくつかの国にとっては、満州国を承認し、満州における商取引を正常化させる必要に迫られるであろう」（五月四日）と論評していた。[5]

満州国の安定性と経済的将来性を評価したうえでの論評であった。現地のアメリカ外交官も中国におけるロシア工作活動に気付いていただけに、共産主義者のプロパガンダの危険性を国務省本省に伝えた。その上で日本の満州国建国のロジックやソビエトへの警戒の声を考慮するよう訴えていた。

「満州という地域は中国の政治体制（the Chinese body-politics）の中に一度たりとも組み込まれたことはありません。過去もそして現在も中国からは完全に分離した異なる地域であります。私は、日本を攻撃するソビエトのプロパガンダを信用しないように求めます。彼らのプロパガンダは極めて有害なものです。満州国を承認することで、このようなプロパガンダ効果を減衰させ、満州を巡る（政治）状況は大きく好転するでしょう。私の個人的な意見ですが、日本（の満州について）の主張は誠実なものであり、その目的についても同様であると考えます[6]」（T・J・リーグから、スタンリー・ホーンベック極東部長宛て意見書〔一九三四年三月二三日付〕）

メディアや国務省極東専門家の日本の満州政策、北部支那政策についての好意的な解釈とは裏腹に、FDR政権は日本外交の真意（ソビエト警戒、アメリカおよび蔣介石政権との関係改善）を理解しなかった。これが、日本が反共のパートナーとしてドイツを選択せざるを得なくなった理由だった。この時期、ハルが日本の考えをFDR政権の極東外交に少しでも反映させる努力をしていれば、その後の歴史は大きく変わった可能性があった。後のことであるが、ニューヨーク・タイムズ紙（ワシントン支局）のアーサー・クロック記者はFDRに対して次のように述べた。

「あなたは一九三七年の『隔離演説』以来、日本にはとにかく冷たく、そして辛くあたった。その結果日本を枢軸国側に押しやってしまったのである」(7)

ここにある「隔離演説」については後述する。クロックは、FDRが日本に冷淡になったのは一九三七年からとしているが、実際にはFDRがスチムソン・ドクトリンの継続を決めた時からつまりFDR政権発足当初から一貫して日本に冷淡だったのである。その結果が、日本がドイツに救いを求め、日独防共協定（一九三六年一一月二五日）となった。クロックが言うように、FDR政権の極東外交政策こそが、日本を枢軸国側に追いやった原因であった。

注

（1）Tansill 前掲書、p131.
（2）（3）同右、p132.
（4）（5）（6）同右、p137.
（7）フィッシュ前掲書、二〇七頁。

第五節　ルーズベルト再選と親中国政策

日独防共協定の締結された一九三六年一一月にはアメリカ大統領選挙があった。FDRは四八州のうち四六州を制した。一般投票でも共和党候補アルフレッド・ランドンの三六・五％に対し、六〇・八％を得て文字通りの圧勝であった。世論の支持のある大統領は強い。ただでさえイエスマンの閣僚は、FDRの耳障りになる意見は一切口にしなかった。それができるのは新任の陸軍長官ハリー・ウッドリングだけであった。側近ハリー・ホプキンスもFDRの気分を害する議論をほとんどしなかった。[1] FDRは閣僚の大部分を国際主義者つまり干渉主義者で固めた。

国務省の事務方（外交専門家）もFDRには苦しむことになる。先にソビエトの危険性を訴えたジョージ・ケナンの苦悩を書いたが、苦しんだのは彼だけではなかった。FDRはほぼ全ての専門家の意見を無視していた。高官の一人サムナー・ウェルズ（キャリア外交官、国務次官〔一九三七年七月—四三年九月〕）は次のように書いている。

「ルーズベルトはホワイトハウスでの外交に関わる議論の場に国務省の専門家を呼ぼうとしなかった。そうさせることはまず不可能だった。キャリア外交官は、特定の国や地域を長期にわたって研究している専門家である。彼らは豊富な情報を持ち、十分に納得できる意見を持っていた。ほとんどの場合ルーズベルトにはそうした知識が欠けていた。それにも関わらず彼らに意見を述べさせる機会を与えなかった[2]」

ＦＤＲは、彼の外交方針に異を唱えるものを嫌った。知識があるとか経験豊かであるとかの資質とは無関係に、自分と同じ考えを持つ人間を好んだのである[3]。

年が明けた一九三七年一月二三日、日本では広田弘毅内閣が瓦解した。新たに組閣を命じられたのは林銑十郎であった。先に書いたように林は、満州事変の際に朝鮮駐留軍を関東軍支援に向けた司令官だった。広田内閣瓦解の原因の一つに対中外交に進展がないことがあった。林首相は国会で対中政策の方針を次のように述べた（二月二日）。

「私は力ずくのやり方がうまくいくとは思っていない。日本が侵略方針をとると中国が思っているとしたらそれは極めて遺憾である[4]」（注：林の発言そのものではない。アメリカの史書にある英文の林の言葉を筆者が日本語に戻したものである）

外務大臣は当初首相が兼任したがすぐに佐藤尚武をその任にあてた（三月三日）。佐藤はグルー大使をよく知っていた。日中関係改善の強い意欲を日本は持っていることをグルーに伝え、グルーもそれを真摯なものと受け止めた。対中宥和方針が具体的な形で現れたのは経済ミッションの派遣であった。児玉謙次（元横浜正金銀行頭取）を団長とする使節団は南京に向かい蔣介石と会談した（一九三七年三月一六、一七日）。この時の蔣介石の言葉には友好を願うかのようなニュアンスがあった。「日本の工業化（産業振興）の専門家の意見は歓迎する。そうすることで、中国の文化も経済も日本と同じ道程を辿って興隆するだろう。その上で東洋の幸福と和平構築を目指したい(5)」。これが蔣介石の言葉だった。

しかし、蔣介石の語る友好の言葉には条件があった。それは塘沽協定（一九三三年五月三一日）の破棄であり、また冀東防共自治政府の廃止であった。日本が決して受け入れられない条件だった。日本は、蔣介石が北部支那の日本の動きには極端に敵意を剝き出しにする一方で、ソビエトの急速な侵出（新疆、外蒙古）には無関心であることに危機感を持った。そんな状況で蔣介石の主張を受け入れることはとても出来なかった。

結局経済ミッションは何の成果も生まなかった。それでも日本の対中宥和外交の姿勢は変わっていない。五月一〇日、佐藤外務大臣は、東京の外国人記者に対して、日本は中国から排他的特権を得ようなどとは考えてはいない、日本と中国は良き隣国として（少なくとも）経済の分野では平和的に共存できると思うと述べた(6)。このような日本の態度に逆行するように中国の反日姿勢は激化の一途を辿った。特に宋哲元将軍の冀東方面についての非協力的態度は問題であった。宋哲元は冀察政務委員会の委員長で同地方の公安担当であった。一九三六年秋には日本との経済協力を約束していたが、日本が用意した協定文書に調印するのを遅らせていた(7)。

グルー大使がこの頃の日本の外交姿勢を評価していたことは間違いない。日本の経済協力の姿勢（それも軍事力を使用しない上での協力）を諒として、ハル国務長官にその旨報告している[8]（一九三七年六月一七日付報告）。

日本の対中宥和外交を評価していたのは東京のグルー大使だけではない。クラレンス・ガウス米上海総領事も同様の分析を国務省本省に送っている。

「（中国の反日姿勢にもかかわらず）日本が中国に強い態度を取ることはないだろう。北部支那においてもいかなる侵略的な動きも取らないだろう。現在日本は英国の理解をも得ようとしている（そんななかで日本が対中外交を硬化させることはない）[9]」

日本の対中外交は米国外交官には評価されていたのである。日本はガウス総領事の言葉にもあるように米国だけでなく英国の理解も求めていた。

林銑十郎内閣は六月には近衛文麿内閣に代わった（六月四日）。こうした中で突然に勃発したのが盧溝橋事件（七月七日）であった。タンシル教授はこの事件について次のように分析している。

「一九三七年の六月から七月にかけての時期、多くの外交関係者は日中間で戦いが始まることはまずないとの意見で一致していた。近衛政権もこれまでの政権同様に対中宥和政策を継続する意志を見せていた。だからこそ北京近郊で軍事衝突が起きたことを知った列強は驚きを隠せなかった。その事件は七月七日の夜に起きた。日本の軍隊が、良く知られているマルコポーロ橋（盧溝橋）近くで中国第二九軍と激しい戦闘に巻き込まれたのである」

「この事件で、ロシアが極東でこそこそと行ってきた工作がはっきりと表に出てきた。世界がこの事件に注目した。それでもこの事件の引き起こす結果がロシアの狙いであることに気付くものはほとんどなかった。中国も日本もそしてアメリカもロシアの入念なシナリオ通りに『極東外交劇場』の舞台に引きずり出されたのである。これほど効果的な舞台演出はめったに見られるものではなかった(10)」

ロシアは蔣介石政権に工作を仕掛け、日中戦争を煽ることにまんまと成功した。この仕掛けの本質は、対FDR政権工作であった。既に書いたように、FDRは親ロシアであり、また親中国であった。その上、国務省プロパーの外交官の意見を聞こうとしなかった。盧溝橋事件はそのようなFDRに向けて放たれた高度な外交テクニックであった。日本はベルサイユ体制を破壊し和平を乱す「悪い国」と印象付ける格好の事件に仕上げられたのである。

一〇月五日、FDRは、日本は軍国主義、ドイツはナチズム、イタリアはファシズムという伝染病に侵された「悪い国」と決めつけ、日独伊三国は伝染病患者であると語った。伝染病に侵された患者は隔離しなくてはならないと演説した。これが世に言われる「隔離演説」である。

注

（1）（2）（3）Jonathan De La Haza Ruano, The Ideological Conflict between the United States and the Revisionist Powers（1933-39), Strata Vol. 1, December 2009, University of Ottawa, p45.
（4）Tansill 前掲書、p161.
（5）同右、p162.
（6）（7）（8）同右、p163.
（9）（10）同右、p164.

第六節　ルーズベルトの「隔離演説」その一　蔣介石と共産党

前節で触れた盧溝橋事件についての詳細は専門書に譲るが、一九三七年七月七日午後一〇時四〇分頃に発生した発砲が発端だった。この夜、日本軍が盧溝橋（マルコポーロ橋）近くの宛平の町北方で演習していたがそこに銃弾が撃ち込まれた。この地域の治安は先に書いた宋哲元冀察政務委員会委員長が責任を持っていた。彼はこの地を管轄する第二九軍の軍長でもあった。蔣介石の南京政府の直接の指導下にはなかった。

現場の責任者は偶発的事件と捉えていたようである。深夜ではあったが、桜井徳太郎少佐（第二九軍顧問）が秦徳純北京市長に事情説明に当たっている。秦市長は第二九軍副軍長でもあった。[1] 九日には日本の北京特務機関と秦市長との間に双方撤退の合意が成立した。翌一〇日には、南京の蔣介石に事件の鎮静化が伝えられた。ところが蔣介石はその報を伝えた第二九軍に戦闘準備を命じたのである。(2) これによって事態の収拾は難しくなり戦いはエスカレートしていった。

日本は、この動きの背後にコミンテルン、ソビエト政府の邪悪な意志を感じていた。前出のタンシル教授は次のように書いている。

「七月一六日、南京日本大使館の日高（伸六郎）参事官は、中国外務省に対して共産主義者による重大な干渉があることに苦言を呈した（コミンテルンあるいはソビエト政府の干渉を意味している）。彼らは日中間の紛争を煽っている」

「日高は、ある中国高官から中国政府はモスクワから中国内のエージェントに宛てた秘密指令を傍受し彼らの工作内容を知っていると聞かされた、とも述べた(3)」

日高の発言内容は、南京の米国大使館からハル国務長官に報告されていた(4)（一九三七年七月一七日付報告書）。英米両国は戦線の拡大を防ぐ仲介をオファーした。八月六日には、東京のグルー大使と、英国代理公使J・L・ドッズが意見交換している。両国政府が仲裁を受け入れる可能性は低いが、まず非公式に日本政府に提案することで一致した。これを国務省本省も了解した。(5)

ちょうどこの頃パリでは米駐仏大使ウィリアム・ブリットが孔祥熙《こうしょうき》（国民党財政部長）と会

っていた。ブリットはエスカレートしている日中の戦いの見通しについて聞いている。孔祥熙は、「南京政府内部では日本との戦いに消極的な意見も多いが、蔣介石は戦うという気持ちでいると思う」と答えた。またロンドンでの、ソビエトのイワン・マイスキー駐英大使との会話の内容についても漏らしている。「ソビエトは、米英仏が日本に対する抗議を決めればそれに加わるし、仲裁にはいってもよい。もし日本が（調停案を）拒否したらソビエトは中国の側に立って参戦する」（八月六日付ブリット大使のハル国務長官宛て報告書）[6]。蔣介石が日本との戦いに強気であったのはソビエトの支援を確信していたからであるのは間違いない[7]。

そのことを示すように八月二一日、中ソ不可侵条約が締結されている。この頃中国はヒトラーとの友好関係をも築こうとしていたが、この条約でヒトラーは中国との友好関係の締結拒否を決めた。ドイツ軍事顧問団の活動あるいは中国との貿易も下火になった。それでも彼らが指導した第三六師、八七師、八八師、教導総隊は精鋭部隊に変貌を遂げていた。（中国軍の「師」の標準人員はおよそ一万一〇〇〇である。）顧問団の指導で、上海から南京にかけては強力なトーチカが、揚子江沿岸には砲台が構築されていた。ソビエトの支援とドイツが残した有形無形の軍事力が蔣介石に対日強硬策を取らせたのである。

戦いはエスカレートし日本軍の攻勢が続いた。八月一日には天津が陥落し、一一月九日には上海が落ちた。

蔣介石が中国共産党との共闘を進めているらしいことも、国務省本省に報告されていた。ネルソン・ジョンソン大使はハル長官に次のように報告している（八月一二日付）。

「信頼できる情報源に依れば、陝西省の共産党軍事指導者である朱徳、毛沢東が数日前に南京を訪問したようだ。これは共産党総書記周恩来の訪問に続くものである。この訪問によって共産党軍と国民党軍が対日戦争で協力する合意がなされた(8)」

注

（1）阿羅健一『日中戦争は中国の侵略で始まった——日本人が忘れた上海での過酷な戦い』悟空出版、二〇一六年、八六頁。

（2）同右、八七—八八頁。

（3）（4）Tansill 前掲書、p463.

（5）（6）（7）同右、p467.

（8）同右、p468.

第七節　ルーズベルトの「隔離演説」その二　伝染病患者（日独伊三国）の隔離主張

これまでの記述でわかるように、中国に赴任する米国外交官は日中の戦いの拡大は蔣介石が望んでいることであることや、彼の強気の背後にはモスクワからの支援あるいは中国共産党との協力があることを国務省本省に報告していた。しかしＦＤＲ政権はその報告には目をつむり一方的に日本を批難した。日本の狙いは極東に於ける覇権構築である。このように決めつけた。このことはハル国務長官が盧溝橋事件の一年後にカナダの高官に語った言葉からもわかる。

「日本は東アジアの数億人の民の支配を目論んでいる。日本は太平洋の島々（訳注：ベルサイユ条約で得た旧ドイツ領南洋諸島を指す）から次第に蘭領東インド諸島に近づいている。実質世界の半分の支配を狙っている。私は、一九三七年八月以来このように考えてきた[1]」

一九三七年一〇月五日、大統領はシカゴで講演した。シカゴ市制一〇〇周年式典と併せて行われる南北のレイクショア道路を結ぶ橋の完成式典に招待されたのである。連結された道路は近郊の地方空港とのアクセス改良に整備されたもので、ニューディール政策で設立した公共事業局（ＰＷＡ）のプロジェクトであった。

ＦＤＲはそのスピーチで国内の経済問題を話題にしなかった。世界の和平が、具体的な名指しは避けたものの日独伊三国によって乱されている、その是正のためにはアメリカは積極的に国際政治に関与しなくてはならない、と訴えた。ＦＤＲはこの三国を伝染病患者に例えた。伝染症にかかった患者は隔離しなくてはならないように、日独伊三国は国際社会から隔離して監視すべきだと主張した。これが「隔離演説」と呼ばれる所以である。いかなるスピーチであったかはその原文はネットで検索できるし、ユーチューブでは演説そのものを聴ける[2]。

完成式典はエドワード・J・ケリー市長のスピーチで始まった。市長の言葉は、式典の趣旨に沿って道路の整備とシカゴ市の発展を喜ぶものであった。ところがこれに続いたFDRのスピーチは冒頭部分でわずかにそれに触れただけで、たちまち世界情勢に話題を移した。スピーチ開始からわずか二分半後のことであった。

「およそ一五年前、六ケ国以上の国が国家目標あるいは方針実現の手段として軍事力を使用しないと決めた。国際和平（の気運）が最高潮に達した。そしてケロッグ・ブリアン条約がなった。（中略）しかし、現在の国際社会は恐怖に満ち無法状態と化した。この状態は数年前に始まった」

「宣戦布告もなく、いかなる事前通告もなく、いかなる正当なる理由もなく、女や子供を含む民間人が空からの爆撃で無慈悲にも殺された。また戦争状態にないにもかかわらず多くの船舶が潜水艦に攻撃されまた撃沈されたのである。（中略）（無法国家は）自国の自由を叫びながら他国の自由を否定するのである」

ドイツという国名を挙げてはいないが、空爆がゲルニカ爆撃を意味していることは明白だった。第一次大戦中に潜水艦攻撃を仕掛けたのもドイツであったから、FDRがヒトラー政権を批難していることは誰にでもわかった。さらに、世界にはケロッグ・ブリアン条約、九ケ国条約を守らない無法国家が存在し、「世界に国際条約無視の病が拡がった」と嘆いてみせた。その病に侵された国が、日独伊三国を指していることは誰にもわかった。ドイツとイタリアのスペイン内戦介入、イタリアのエチオピア侵略、日本の満州国建国と盧溝橋事件から拡大した日中間の戦い。これは病に侵された国の狂った行動が原因である。この病は伝染病であるから患者は隔離しなくてはならない。それがFDRの主張だった。

「ルーズベルトはいくつかの虐殺に言及した。民間人への空爆、潜水艦に依る攻撃、内戦への干渉。これらはスペイン内戦へ介入する独伊両国への批難であり、また日本のアジアでの侵略行為への批判だった(3)」

日独伊三国をわかるものにはわかる言葉で存分にこき下ろしたFDRは演説の最後を次のように締めくくった。

「なかでも重要なのは、平和を望む国々は、条約を破ったり他国の権利を踏みにじる国に対してそうした行為を止めさせるという行動を示さなくてはならないことだ。和平維持のための積極的な努力が必要である。アメリカは戦争を嫌い和平を希求する。我が国は積極的に和平を求めていく」

盧溝橋事件以降の戦乱の拡大にも、スペイン内戦の背後にも、コミンテルンに指揮された共産主義者の暗躍があることは確かだった。国務省の出先からの報告にはそのことが繰り返し指摘されていた。資本主義国家として日米が協力して共産主義の拡散を防ぎたい。それが日本の望みだった。だが共産主義の脅威すなわちソビエトの脅威は「隔離演説」では一言も触れられていない。親ソビエトの姿勢とその勢力と結託する中国を好意的にみるFDRの態度を見事なほどに示していた。

注

(1) Japanese Attack on China 1937. https://www.mtholyoke.edu/acad/intrel/WorldWar2/china.htm

(2) 原文は http://millercenter.org/president/fdroosevelt/speeches/speech-3310 以下のサイトで視聴可能。https://www.youtube.com/watchv?=-V61rc73NQs

(3) De la Haza Ruano 前掲書、p54.

第八節 ルーズベルトの「隔離演説」 その三 その動機と世論の反発

「隔離演説」は唐突なものだった。本来なら道路プロジェクトの完成とシカゴの発展を祝うはずの場で、なぜ日独伊三国を詰ったのか。

ＦＤＲは、なりもの入りで進めてきたニューディール政策の先行きを不安視していたのである。司法は既に、ニューディール政策関連法の違憲性を指摘していた。

「１９３５年から１９３６年にかけて連邦判事達が、ニューディール諸立法打倒を目指し、連邦法令の施行を停止する禁止命令を濫発していた[1]」

ニューディール政策の陰りは一九三七年八月から一二月にかけての数字にはっきりと表れていた。鉱工業指数は二七％低下し、株価も三七％値を下げていた。一一月、一二月両月だけで八五万人が職を失った[2]。ＦＤＲが、経済の停滞に焦っていたことは、ウィリアム・ドッド駐独大使の日記でわかる。大使は、「（大統領と話したが）戦争の危機と国内の景気の悪さをひどく気にしていた」（一九三七年八月一一日）と書いていた[3]。この記述は、ＦＤＲには第一次世界大戦時のような戦争景気の再来を願う内的動機があったのではないかと疑わせる。

ＦＤＲは「隔離演説」では日独伊三国の国名を挙げてまでは批難しなかった。彼は、第一次世界大戦後の国民世論の大勢が非干渉主義（孤立主義）にあることがわかっていたのである。ＦＤＲはこれを国際主義つまり干渉主義に変えたいと思っていた[4]。彼はこの演説で世論の反応を探ったのである。だからこそ表現に工夫を凝らした。だが、メディアも国民もＦＤＲの本心にたちまち気づき、激しい反発が起きた。民主党指導者もそして側近のハル国務長官までもこのスピーチを危ぶんだ。FDRはおそらく覚悟の上でスピーチしたのだろうがかなり落ち込んだ。「肩越しに後ろを見たらだれもついてこなかった」とスピーチライターのサムエル・ローゼンマンにこぼした。(5)

FDRは翌日の記者会見で批判を鎮静化させようとやっきになった。記者とのやりとりは次のようなものであった。(6)

「大統領は中立法と（昨日の）演説内容との間に矛盾はないと言いました。私にはこの二つの考えは対極にあるものと感じます。我が国が一方のグループに偏った場合どうやって中立を維持できるのですか」（記者）

「偏るとはどういう意味かね。条約を結ぶということかね？」（FDR）

「必ずしも条約を結ぶということではありません。（あなたの言う）平和を愛する国々の側に立ってアクションを起こすという意味です」（記者）

「今まで試されたことのないやり方がある」（FDR）

「しかし、演説にあるような『侵略国家の隔離』、『それ以外の国々』などという物言いは中立的立場を示しているとは思えませんが」（記者）

「君へのうまい説明はできない。答えは創造しなくてはならない（You have to invent one）。僕はその答えを見つけた」（FDR）

「(スピーチでの内容は) 中立ではないです」(記者)
「いやむしろ、より強力な中立 (a stronger neutrality) と言ったほうが良い」(FDR)

FDRは質問をはぐらかしながら強気の態度を見せたものの、世論の風当たりの強さをまざまざと見せつけられた。

「ウォールストリート・ジャーナルは、『外国への手出しをやめろ、アメリカは平和を欲する』というコメントを発表し、シカゴ・トリビューンは、大統領がシカゴを『戦争恐怖のハリケーンの中心』に変えてしまった[7]」と書いた。ハミルトン・フィッシュ下院議員は、「大統領は、戦争を避けることができないと言うことにより国中に戦争ヒステリーを捲き起こしたとラジオ演説[8]」した。

FDRはこれ以降、重要なスピーチの中で外交政策について積極的に語ることを控えた。一二月一二日、拡大する日中の戦いの中で、日本の海軍機が揚子江沿岸警備に当たっていた米海軍砲艦「パネー号」を誤爆する事件が起きた (パネー号事件)。三人が死亡し、四三人が負傷した。対日批判と事後処理は国務省に任せ、自身は過激な発言を控えた。更に年が明けた一九三八年三月一二日、ドイツがオーストリアに侵攻 (後述) したが、この時もハル国務長官にコメントさせている[9]。

注

（1）西川秀和「フランクリン・ローズヴェルト大統領の『隔離』演説」。http://www.american-presidents.info/furankulinroosevelt.pdf

（2）Tansill 前掲書、p343.

（3）同右、p342.

（4）De la Haza Ruano 前掲書、p54.

（5）同右、p56.

（6）同右、pp56–57.

（7）（8）西川前掲論文。

（9）De la Haza Ruano 前掲書、p57.

第九節　ルーズベルトの「隔離演説」その四　日本の反応

前節でFDRは世論やメディアの反発を気にして発言を慎重にするようになったと書いた。もちろんメディアには「隔離演説」を支持するものもあった。例えばニューヨーク・デイリー・ニューズ紙は、盧溝橋事件以来一貫して中国側に同情的な論説を掲載し、中国における米国の利益が毀損されたら日本を経済封鎖せよと主張していた。「隔離演説」については、「今、奴ら（日本）に対して行動を起こすかそれとももう少し後にするか」という見出しをつけて論評した（一〇月七日付）[1]。ニューヨーク・デイリー・ニューズ紙ほど過激ではなかったが、ワシントン・ポスト紙（一〇月七日付）[2]、シカゴ・デイリー・ニューズ紙（一〇月六日付）[3]、サンフランシスコ・クロニクル紙（一〇月六日付）[4]なども「隔離演説」肯定の論調であった。しかしこうした論調に匹敵するか上回る程多くの新聞が批判的な記事を掲載していた。

日本は対中政策についてアメリカの理解を得ること、そして日米友好関係再構築を外交の基本としてきただけに、「隔離演説」に敏感に反応した。日本を名指ししなかったとは言え、中国の現地事情を一切考慮しない教条的な日本批判が明らかなこの演説に反発せざるを得なかった。

毎日新聞は、「ル大統領は右演説で特定の国の名は挙げなかつたが、右がスペインおよび支那の事態に関聯せるものであるのは明らかである。聴衆中にはこの演説によりあるひは米国政府が将来さうした国々に対する何らかの制裁に参加するのではないかといふ如き意見を出すものもあつた」と伝え、朝日新聞も、「特に国の名前は挙げなかつたが、日支事変並に地中海の『海賊』潜水艦問題から更に満州事変及び伊エ（エチオピア）戦争に遡って『侵略国』を論難したのは頗る注目されてゐる」と報じた。[5]

日本政府の懸念は、米国民世論がFDR政権の対日強硬策を後押しすることだった。日本国内世論あるいは軍部の強硬派が対米宥和外交への反発を強めることも心配であった。松方幸次郎（衆議院議員、父は松方正義元首相）は、ドーマン参事官（米駐日大使館）に、「陸軍から弱腰と非難されてきた海軍の指導層の感情は10月5日の大統領の演説によって完全に変化」したと伝えた。[6]

日本の立場を説明するために毎日新聞主筆高石真五郎が訪米することになったが、船中で次のように語り、FDR政権に対する憤懣を吐露した。(7)

「モンロー主義を看板にして、アメリカは自ら四半球支配を天輿《ママ》の権利と考へてゐる。それだけならいゝが、他の国がそれぞれその地域に自主的な共存圏を建設しようとすれば、直ちにそれを全世界支配の前提であるかのやうに、または全人類奴隷化の野心のやうに考へる。(中略)その独善と驕慢とは、およそ度し難いものかも知れぬ」

極東事情を教条的にとらえたスチムソン・ドクトリン（満州国非承認、対日強硬外交）の欺瞞性は、日本の知識人の中でははっきり認識されていた。この頃のスチムソンは法律家に戻っていたが、「隔離演説」の二日後、FDRの援護射撃となる論説をニューヨーク・タイムズ紙に寄稿した。

「日本の侵略を念頭にした時、それを助けているのは我が国の経済人である」

「中国が必要としているのは他国からの援助ではない。中国は他国が日本に対する支援を止めることを願っている(8)」

盧溝橋事件を端緒として始まった日中間の紛争（支那事変）は、両国ともに宣戦布告しない形で拡大していた。アメリカは中立法（一九三五年）によって、戦争状態にある国への軍需品の輸出を禁じた。宣戦布告を両国が控えていたのはそのためもあった。蒋介石の当初の強気にもかかわらず、国民党軍は敗退を続け一一月九日には上海が制圧された。一一月二一日には、蒋介石は南京から重慶に政府を移した。一二月一三日には南京が陥落した。

軍事的に劣勢となった蒋介石を、中国での布教に熱心な宣教師たちは支援した。執拗に中国擁護、日本批難の情報を発信し続けていた。中国は彼らにとって巨大な「布教のマーケット」であった。蒋介石は彼らの存在を意識してキリスト教徒に改宗した。女性作家パール・バックは中国の農民に愛情をよせる小説『大地（The Good Earth）』（一九三一年）を書いていた。それが一九三七年に映画化された。タイム誌のオーナー、ヘンリー・ルースは、蒋介石を中国の英雄に仕立てる役割を果たした。一九三八年初頭の号では、一九三七年の時の人（Man & Wife of the Year）に蒋介石夫妻を取り上げ表紙を飾らせた。バックもルースも、その父親は中国で布教にあたった長老派

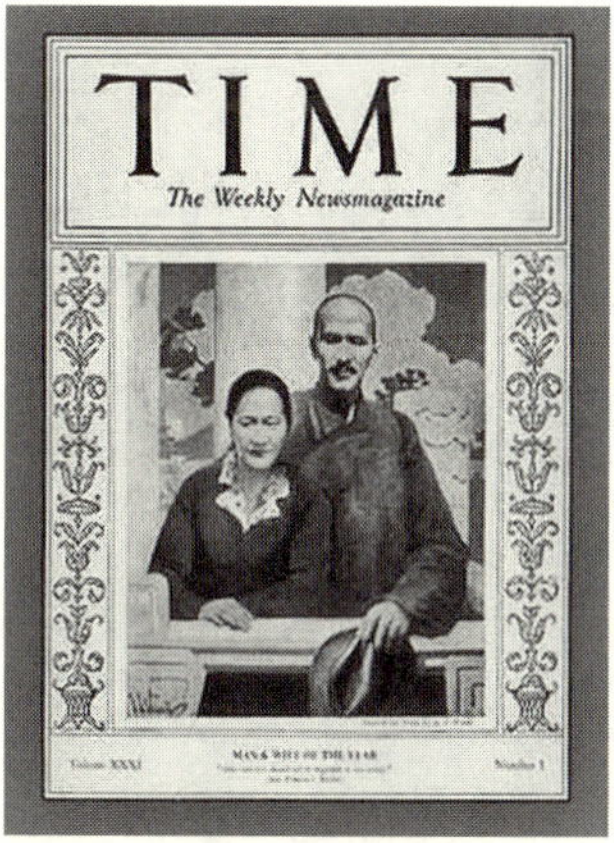

図8　タイム誌
（1938年1月3日号）

の宣教師であった。

注

（1）（2）（3）（4） Tansill 前掲書、pp343-344.
（5）（6）（7） 西川前掲論文。
（8） James Bradley, The China Mirage : The Hidden History of American Disaster in Asia, Little, Brown and Company, 2015, p178.

第一〇節　ルーズベルトの「隔離演説」　その五　ドイツの反応と「ホスバッハ覚書」

隔離演説にいかなるメッセージが込められているのかドイツも気にしていた。演説のおよそ一週間後の一〇月一一日、ドイツ駐米大使ハンス＝ハインリヒ・ディークホフはウェルズ国務次官を訪ね、直截にその真意を問うている。ウェルズは次のように答えた。

「大統領は、今日世界の多くの国が困難に直面しているが互いの抱えるその困難を理解し、相互協力の精神があれば解決は可能である、武力によっては長期にわたる安定的な解決はできない、と考えている(1)」

この回答は大使を喜ばせた。「シカゴ演説の（批難の）対象は主に日本である。アメリカはヨーロッパの問題に積極的な役割を果たす考えはない。（隔離という言葉には）ハル国務長官も驚いたほどで、この語はオリジナル原稿にはなかった」と本省に報告した。[2] アメリカメディアの反応が隔離演説には冷淡であることも付言した。[3]

ヒトラーはＦＤＲの対独外交の方向を慎重に見極めなくてはならなかった。彼は自身の友人フリッツ・ヴィーデマン（第一次世界大戦時のヒトラーの上官）をアメリカに遣った。彼の報告は、米国内にはかなり強い反ナチス感情が生まれているというものであった。[4] 大使の楽観的な見立てとは異なっていた。

いずれにせよヒトラーはアメリカの対ヨーロッパ外交の態度を正確に読み解こうとしていた。その理由は翌三八年には、ベルサイユ体制の不正義を正す軍事行動を起こすことを決めていたからであった。ヒトラーは計画を実行に移した際の諸外国の反応を見極めようとしていた。「隔離演説」からちょうど一ケ月経った一九三七年一一月五日午後四時一五分、ベルリンの総統官邸に政権幹部と軍の首脳が集められた。メンバーは次の七名であった。[5]

ヒトラー総統
ブロンベルク国防大臣
フリッチュ陸軍最高司令官
レーダー海軍最高司令官

ゲーリング空軍最高司令官
ノイラート外務大臣
ホスバッハ総統付将校

この日の会議は午後八時半まで続いた。ヒトラーは国際情勢を分析しながら、ドイツ民族の生存圏拡大とベルサイユ体制打破の構想を語った。議事録は取られていないが、後日ホスバッハが記憶に頼って残した覚書（ホスバッハ覚書）によってその内容を知ることが出来る。

ヒトラーは、四年半の政権運営と外交を総括しこれからのドイツ外交の方向についての考えを述べた。また自身が死亡した場合には今日の言葉を遺言とするとした。その上でドイツ民族の人口爆発と民族生存空間の少なさを嘆いた。著書『我が闘争』にも書かれていた内容であった。「人口八五〇〇万を擁し年に五六万の人口増加がある中で、その食糧確保が喫緊の課題である、食糧の確保は世界貿易には頼れない、海上覇権が潜在敵国イギリスに握られている以上危険である。従って食糧問題を憂いなく解決するためにはヨーロッパ大陸内部での農地獲得が必要になる、食糧問題はドイツ民族の次世代のためにはどうしても解決しなくてはならない」。これがヒトラーの分析であった。第一次大戦期のイギリスによる港湾封鎖の苦い経験を踏まえていた。二度と国民を飢えさせない。それがヒトラーの強い意志であった。

ドイツが生存圏拡大（東方侵攻）を目指す場合それを邪魔する可能性のある国の筆頭は英国

とフランスだった。ヒトラーはフランスを見くだしていた。思惑のことなる左派勢力の連合体である人民戦線政権（レオン・ブルム内閣）を全く評価していなかった。人民戦線内閣はスペイン内戦を巡る方針で内部対立が目立ち、この年の六月に瓦解していた。ドイツが東方に向けて進出を開始した場合、フランスは単独では動けない。それがヒトラーの見立てだった。

イギリスについての分析はより慎重だった。それでも彼の出した結論はイギリスはドイツの東方侵出には理解を示すというものだった。その理由の一つに、イギリスが、イタリアのエチオピア侵攻（第二次エチオピア戦争：一九三五年―三六年）とイタリア領東アフリカ建国を実質的に容認したことを挙げた。イタリアによるエチオピア侵攻の発端は、一九二八年に締結されたイタリアとエチオピアとの経済協力協定に対して、エチオピアが非協力の態度に変化したことにあった。イタリアはそれに憤った。イギリスは一九二八年の経済協力協定を有効だと考えた。[6] イギリスの対イタリア外交をみたヒトラーが、イギリスは自身の利権が脅かされない限り、軍事行動にはでないと判断した。

ヒトラーは、イギリスの政治家がベルサイユ体制の不正義を認識していたことに気付いていた。イタリアのアフリカ植民地獲得に寛容であったのもその意識の現れであった。ベルサイユ会議では、イタリアは途中で代表を引きあげている。ドイツが持っていたアフリカにおける植民地分割で英仏両国はあまりに強欲であった。イタリアを分割から排除した。ドイツ植民地の分割で新たに獲得した領土はイギリスは九八万九〇〇〇平方マイル、フランスは二五万三〇〇〇平方マイルであったが、イタリアにはわずかに二万三七三七平方マイルを許しただけであった。(7) イギリスは自身がフランスと同様に強欲すぎたことをわかっていた。

　この当時のイギリスの政治家の心情を歴史家のガイルス・マクドノーは次のように書いている。


「イギリスの政治家はベルサイユ条約は賢い解決であったのか、道義的に正しかったのかと疑い始めていた。ドイツの傷（ドイツに対する不正義）を回復させるためには妥協が必要ではないかと考え始めていた」

「なかでもイギリス外務省は、オーストリア、チェコスロバキアとの国境線引きについても修正は避けられないし、ボヘミアやモラビアにソビエトが入ってくるよりも、ドイツにいてもらった方が好ましいと考えていたのである(8)」


　ヒトラーはこの日の会議で、「イギリスは口には出さないが、チェコスロバキアを見捨てている。フランスも同様であろう」と語った。

　ヒトラーは、オーストリア、チェコスロバキアに侵攻した場合、もう一つの隣国ポーランドの動きも気にしていた。彼の結論は、「ロシアがその背後でポーランドの脅威になっている現状では動けないだろう」というものであった。そのロシアも対独戦争には消極的であろうと判断している。極東で日本との対峙が続く限りヨーロッパでの戦いに参入できない。これがヒトラーの読みであった。

出席者は近いうちに総統が軍事行動を起こすだろうことを確信した。出席者の中でヒトラーの構想に賛成したものはレーダーとゲーリングの二人だけであった。ブロンベルク、フリッチュ、ノイラートの三人は、軍事行動を起こせばヨーロッパ戦争に拡大すると危惧した。この三人は翌三八年に入ると更迭された。

この覚書に示されたヒトラーの見込みが正しいらしいということを示す動きがイギリスから示された。会議の二週間後（一一月一九日）、ハリファックス卿（エドワード・ウッド：スタンリー・ボールドウィン内閣の陸軍長官、任期は一九三五年六月―一一月）がヒトラーの山荘ベルヒテスガーデンを訪れた。ハリファックス卿は、ベルサイユ条約によるオーストリア、チェコスロバキア及びダンツィヒに関わる線引きの変更については反対しない、と伝えた。ただしそれを平和的手段で行うことが条件であった。ハリファックス卿の考えはイギリス政府の考えを示すものであることは、彼が翌年二月に外務大臣に就任したことからでも明らかであった。ハリファックス卿の訪問はヒトラーを十分に喜ばせた。

「卿が山荘を後にした時のヒトラーは高揚していた。『ハリファックスは賢い政治家だ。ドイツの主張を一〇〇％支持してくれた』と述べた[9]」

一二月に入ると、ネヴィル・チェンバレン首相がヨアヒム・フォン・リッベントロップ独駐英大使に、オーストリア、チェコスロバキア問題について協議したいと伝えた。

ホスバッハ覚書はヒトラーは一九三八年には行動を起こしたいと考えていたことを示していた。イギリス外交もヒトラーの想定通りに動いていた。こうしてヒトラーは「ギャンブルの年、一九三八年」(ガイルス・マクドノー)を迎えるのである。

注

(1)(2) Tansill 前掲書、p347.
(3)(4) 同右、p348.
(5) ホスバッハ覚書は以下のサイトで確認できる。http://home.cc.umanitoba.ca/~mkinnear/Hossbach%20memorandum.pdf
(6) Tansill 前掲書、p168.
(7) 同右、p167.
(8) Giles MacDonogh, 1938 : Hitler's Gamble, Constable, 2009, pxx.
(9) 同右、pxxi.

第七章　ヒトラーのギャンブル

第一節　オーストリア併合　その一　フーバー前大統領のヒトラー訪問

本節末尾の地図は一九三八年初めのドイツの地図である。この年の三月初め、ハーバート・フーバー前大統領がベルリンを訪問し、アドルフ・ヒトラー総統や同政権幹部と会談した。訪問の狙いや幹部と交わした言葉はフーバーの著書『裏切られた自由』に詳しい。前章末尾で一九三八年はヒトラーのギャンブルの年になったと述べたが、そのギャンブルの真意はこのフーバーの著書に明確に書かれている。少し長くなるがその部分が以下である（翻訳は筆者）。

「ヒトラー訪問

ヒトラーが政権を奪取してから五年が経っていた。私は彼のスピーチ、行動あるいは書いたものを通じて、ヒトラーには三つの固い信念があることに気づいていた。第一はベルサイユ条約でばらばらになったドイツを再統一すること、第二は資源確保のためにロシア（ソ連）あるいはバルカン半島方面に領土を拡張すること、第三はロシアの共産主義者を根絶やしにすることである。第二の狙いは『生存圏（Lebensraum）』の概念として知られている。

三つの目標はヒトラーのエゴイズムの集大成とも言える。彼の考えはドイツ国民にも支持されていた。ドイツ国民は第一次大戦敗北がもたらした屈辱を晴らしたかった。国をばらばらにされ、非武装化された。降伏後も港湾封鎖は解かれずその結果多くの国民が餓死した。また休戦後、ドイツの多くの都市で（共産主義者の）反乱があったが、それは残虐なものだった。国民はそれを忘れていなかった。

ベルリンにはチェコスロバキア経由で車で入った。途次にドイツの新住宅開発計画を見たかった。一九三八年三月七日、私たちはベルリンに入った。到着するとすぐにヒトラーから招待があった。その知らせを伝えた特使によれば、総統は、私がドイツが飢えと病に苦しんでいる時期（休戦期間）に行なった救済活動に感謝の意を伝えたいとのことだった。またその後の時期のドイツ人児童への救援活動や、世界恐慌時に行った大統領時代のドイツ支援に対しても感謝したいとのことであった。

私は彼の招きを受けた。ヒトラーの考え方を理解したいという思いがあったからだ。（会見は一九三八年三月八日正午に予定されていた。）私は新任の駐独大使ヒュー・ウィルソン君に伴われて会見に臨んだ。予定では一五分の会見であったが、ヒトラー総統はその時間を大幅に延長した。彼は、私が住宅開発現場を見てきたことを知ると、その計画について詳細に説明してくれた。説明は明快なものだった。彼は十分な情報を持ち、記憶力の高さを感じさせた。少なくとも我々が話題にした非政治分野ではそうであった。会話を通じて、メディアや書籍で語られる、『ヒトラーはナチスグループが単なる飾りとして擁立した無能な人物だ』という評価が嘘であることが確信できた。彼自身が『ボス』であることは疑いようがなかった。

ヒトラーとの会話の中で、かなり危険な狂信者だと感じさせられることが二度あった。彼には、ある心のボタンに触れられると、突然怒りを爆発させることがあった。それは、同席の大使（ヒュー・ウィルソン）が、ロシアの共産主義者のことを話題にしたときに起きた。また私が、世界の経済情勢を語る際に『民主主義』という用語を使い、それに大使がコメントした際にも怒りを見せた。ただ怒りの程度は共産主義者を話題にした際よりは若干は穏やかだったが、その性質は同じようなものだった。ヒトラーは共産主義の政体も、民主主義の政体もどちらも嫌っていた。

私のドイツについての情報源は旧友のセオドア・レーワルト君だった。彼は第一次世界大戦時には、内務大臣であり、ベルギー救援活動に協力してくれた政治家だった。彼はナチスを嫌っていた。彼以外にも多くの指導的立場にいる人物に会えた。その一人にヒャルマー・シャハトがいた。彼には（第一次）大戦前にもその後にも会ったことがある。彼は、経済問題については饒舌であったが、ナチス政権については警戒していたのか何のコメントもしなかった。

ドイツを理解するのに駐ベルリン大使館での会話も役立った。そこには、AP通信のベテラン記者ルイス・ロシュナー君、大使館付商務官ダグラス・ミラー君、駐在武官トルーマン・スミス大佐がいた。ミラー君は私が商務長官時代の部下であった。

ロシュナー君とミラー君はナチス政権下の暮らしがどんなものか説明してくれた。その内容については多くの書物に紹介されているのでここでは繰り返さない。私の関心は和平あるいは戦争と言ったものにあった。ミラー君によれば、ドイツの農業を含む全産業で戦争のための準備がなされているらしかった。準備はいつ完了するのかとの私の問いに、『おそらくあと一年半だろう』との答えだった。

スミス大佐はドイツの軍備拡張について説明してくれた。彼はドイツの航空機製造が年間四八〇〇機という規模で進められていると教えてくれた。あと一年半で二〇〇万人規模の動員が可能な戦いを始められるだろうとのことであった。

ヒトラーはベルサイユ条約を無視し再軍備をすすめた。ラインラント進駐も条約無視の行為だった。ロカルノ条約も無視した。ドイツの条約無視がどのような結果になっているか私は質問した。イギリスは抗議せず、むしろ対ソビエトの軍事力強化を歓迎しているようであり、フランスは、抗議するにはあまりに弱々しい存在だった。ウィルソン大使も、ヒトラーはドイツ再統一の強い意志を持っており、近いうちにドイツ人の多いズデーテンラント（チェコスロバキア）そしてオーストリアの併合を目指すだろうという意見であった(1)」


ここに書かれた内容が、一九三八年初めの段階でのフーバーのドイツ理解であった。本書のここまでの記述が、このフーバーの考えに一致していることはあきらかであろう。少し長い引用になったが、本書のここまでの内容を総括するのに役立つ記述である。フーバーの未完の書『裏切られた自由』を編集し刊行にこぎつけたジョージ・ナーシュが、この書を歴史修正主義の集大成と評しているだけに当然と言えば当然である。

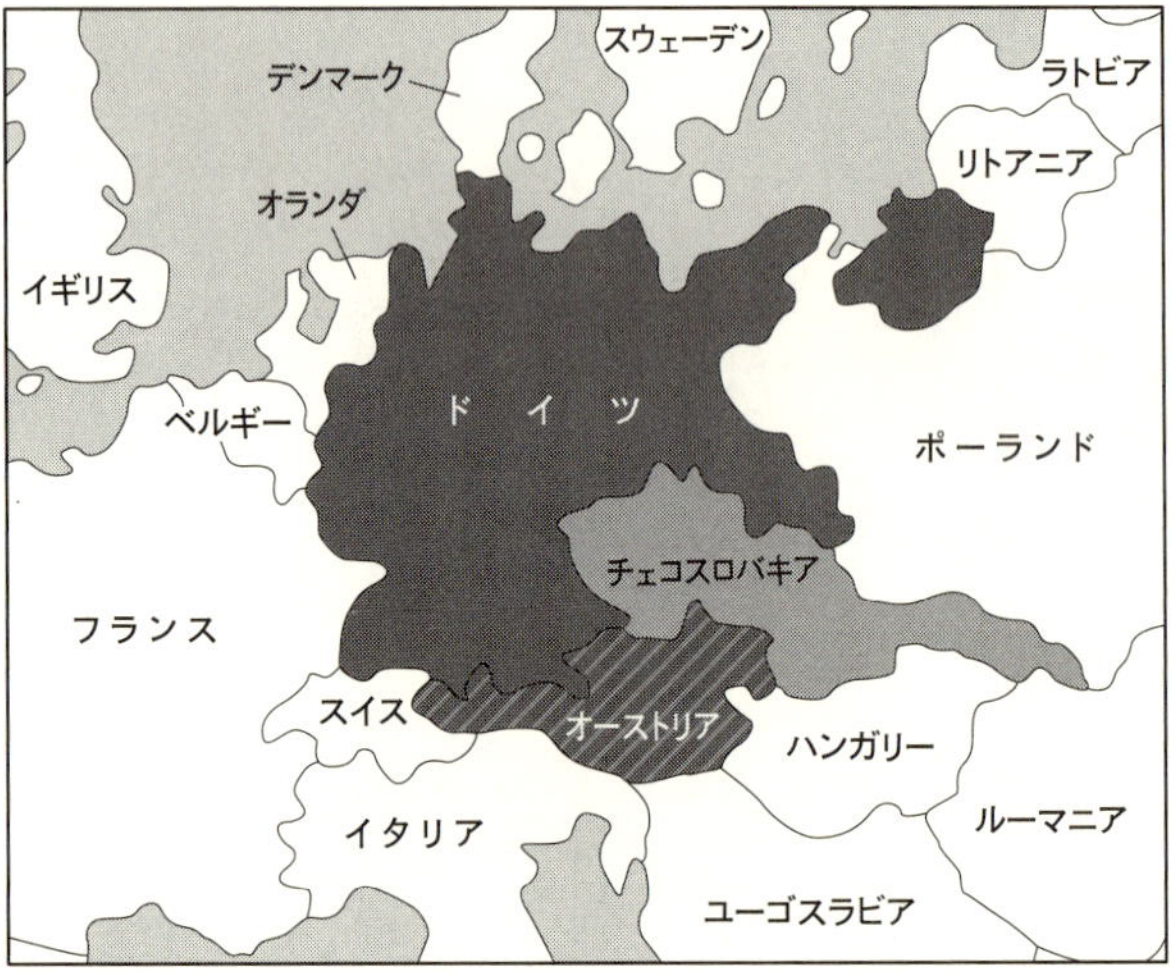

図9　1938年初頭のドイツを囲む国々

フーバーは、ヒトラーとの会談に続いてナチスドイツナンバー2と目されているヘルマン・ゲーリング元帥とも会っている。彼の狩猟用別邸での昼食会であったが、その模様は次のように記されている。

「彼は小さなボタンを押した。すると壁にヨーロッパの地図が照らし出された。そこにはドイツと隣接する国が異なる色で示されていた。ゲーリングは私にチェコスロバキアを示して、この国の形が何かに似ていないかと尋ねた。何も思い浮かばないでいるとゲーリングは、ドイツに突きつけられた矢じりだ。わがドイツの体に突き刺さっている、と説明した[2]」（傍点筆者）

恐らく図9のような地図が壁に懸かって

いたに違いない。

注

（1） Hoover 前掲書、 pp64–65.

（2） 同右、 pp68–69.

第二節　オーストリア併合　その二　侵攻

ヒトラーはフーバーとの会談のわずか四日後の三月一二日、オーストリアに侵攻した。この一月前の二月一二日、オーストリア首相クルト・フォン・シュシニクは、ヒトラーとベルヒテスガーデンで会談した。ヒトラーは、シュシニクに次のように語りドイツとの併合を説いた。

「私はオーストリアに生まれた。神の命じる摂理に従って、大ドイツ帝国（グロス・ドイッチュラント）を作り上げなければならない。君はその邪魔をしている。そうであれば君を叩き潰さなくてはならない[1]」

ヒトラーは脅すような口調で自発的に併合の道を歩むことを迫った。その手始めとして、オーストリア・ナチス党幹部の入閣、同国内で投獄されているナチス党員の解放、対独強硬派のアルフレッド・ヤンサ参謀総長の解任を要求した。(2) 青ざめるシュシニクに追い打ちをかけるように、「オーストリアを助けに来る国はどこにもない」と続けた。ヒトラーがもっとも気にしているイギリス政界はヒトラーの期待通りの動きを見せていた。ベルヒテスガーデンを訪問し、ベルサイユ体制の歪みの解消に理解を示したハリファックス卿（エドワード・ウッド）は、対独強硬派のアンソニー・イーデンに代わって外相の座についた（二月二一日）。強硬派だったロバート・ヴァンシタート外務次官は更迭されていた。イギリス外務省は、オーストリアはドイツに包含される宿命にあると結論付けていた。(3)

かつてはドイツのオーストリア併合を牽制していたイタリア（ベニート・ムッソリーニ）も、ドイツが第二次エチオピア戦争におけるイタリアの立場を容認して以来、両国の関係は劇的な改善を見せていた。ムッソリーニは一九三七年九月にベルリン訪問を実現した。両国の関係は確実に深化していた。更にヒトラーは、ムッソリーニに南チロル地方はイタリア領土で構わないとする書面を出していた。ヒトラーは、同地方の二〇万のドイツ系住民よりも七〇〇万のオーストリアを選んだ。(4) 先に書いたようにフランスもロシアも動けないとヒトラーは見通していた。「オーストリアを助けに来る国はどこにもない」というヒトラーの分析は正しかったのである。

カトリック教国オーストリアはもともとプロテスタント国家プロシアが嫌いであった。普墺戦争（一八六六年）で敗北したこともありプロシア嫌いの感情は根深いものがあった。シュシニク首相はヒトラーの要求を表面的には容れ、二人のオーストリア・ナチス党員を入閣させた（一九三八年三月五日）。その一方で独立保持の方策を思いついた。それが国民投票であった。オーストリア国民がその総意としてドイツ併合を拒否すれば、国際社会もその意志を尊重せざるを得ないと考えた。しかしそのやり方は強引であった。国民投票の決定が三月九日、そして投票日はわずか四日後の一三日にするというものだった。シュシニクには勝算があった。労働組合と共産主義者の支援を得て、六五％から七〇％で併合反対の結果となると見込んだのである。[5] しかし、この動きはドイツの対墺強硬派の首魁ゲーリングを強く刺激した。彼は、ヒトラーとシュシニクのベルヒテスガーデン会談にも顔を出していない。墺の併合は武力を使わざるを得ないとすでに決めていたからである。その意味で、交渉によって併合を勧奨したヒトラーの方が穏健であったといえる。国民投票に動くオーストリアの状況を見たヒトラーは軍事侵攻を決断した。ドイツ軍（第八軍）がオーストリアに侵攻したのは三月一二日朝のことであった。オーストリア国内に入ったドイツ軍への抵抗は皆無だった。オーストリア国民は侵入するドイツ軍をむしろ歓迎した。街道の国民は歓声を上げ、ナチス式敬礼で迎えた。発砲の事態が一つも無く花束で迎えられた。それが「花の戦争（Blumenkrieg）」とされる所以だった。三月一五日午前一一時、ウィーンに入ったヒトラーは英雄広場に集まった二五万の市民を前にオーストリア併合を高らかに謳いあげた。[6] この演説の模様もユーチューブで確認できる。聴衆の反応から決して官製の強要された振舞ではないことがわかる。「『総統の顔が見たい』と叫ぶ聴衆の

図10　ヒトラーの演説を聞く聴衆
（1938年3月15日、ウィーン）

声で、ヒトラーは何度も宿泊先のホテル・インペリアのバルコニーに立たなくてはならなかった[7]」。

ヒトラーはオーストリア国民がこれほど彼を歓迎するとは予想していなかった。彼の凱旋帰国は生まれ故郷のブラウナウ・アム・インから始まった（三月一二日）。さらに近郊の町リンツで市長の出迎えを受けた。翌一三日には、レオンディング（リンツ郊外）にある両親の墓所に献花した。当初、ヒトラーは、シュシニクに大ドイツ帝国構想を語ってはいたが、オーストリアを新しい国家社会主義の国として生まれ変わらせた上で、ドイツとの連邦国家にするつもりであった。つまり別個の国としての運営を考えていた。しかし予想もしなかった熱烈な歓迎を見て、大ドイツ帝国の一部として併合することに決めた[8]。

なぜオーストリア国民はこれほどにドイツとの併合を歓迎したのだろうか。なぜ国民はシュシニク首相の抱く反プロシア（ドイツ）、反プロテスタントの感情を共有しなかったのだろうか。もちろんオーストリアを山間の小国に閉じ込めたオーストリア版ベルサイユ条約であるサン＝ジェルマン条約への恨みはあった。しかしそれ以上にドイツの進めてきた経済再建を評価し、オーストリアを苦境から救ってくれるのではないかと強く期待したからだった。どちらの条約でも、ドイツとオーストリアは関税協定を結ぶことさえ、国際聯盟の承諾なしにはできなかった。世界恐慌の中、ドイツはオーストリアとの関税同盟の容認を願った（一九三一年）。しかし、英仏伊そして特にチェコスロバキアの反対で許されなかった。ドイツへの意地悪ともとれる周辺国の態度は「ドイツ国内に強い恨みを残し(9)」ていた。それから七年後初めて軍事力を行使して願いを叶えたのである。

実際に併合後のオーストリア経済の回復は目覚ましかった。先述の歴史修正主義の歴史家マーク・ウェバーは次のように書いている。

「一九三八年三月にドイツに併合されたオーストリアの経済発展は目覚ましかった。官僚たちは社会の沈滞を一掃し瀕死の経済を再活性化させた。投資、工業生産、住宅建設が活発化し消費も増大した。観光旅行を楽しむものも増え生活水準はたちまちに上がった。一九三八年六月から一二月の間に工業労働者の賃金は九％上昇した。国家社会主義政権のもとで失業者も激減した。アメリカの歴史家バー・バクリーは近年の歴史上でも驚くべき経済回復を見せた、と書いている。一九三七年の失業率は二一・七％もあったが、一九三九年にはわずか三・二％にまで低下したのである(10)」

注

（1）MacDonogh 前掲書、p22.
（2）同右、p23.
（3）同右、p21.
（4）Buchanan 前掲書、p195.
（5）同右、pp193-194.
（6）MacDonogh 前掲書、p74.
（7）Buchanan 前掲書、p198.
（8）MacDonogh 前掲書、p69.
（9）Buchanan 前掲書、p184.
（10）Weber 前掲論文。

第三節　チャーチルの策謀　その一　投資失敗と米国人資産家からの補塡

オーストリア併合に対して救援に現われる国はなかった。ヒトラーの「読み」通りだった。成長するドイツ経済と一体化したオーストリア経済は目覚ましく躍進し、旧オーストリア国民も喜んだ。自信を深めたナチスはドイツ語圏都市の中では最大規模のウィーンにあるユダヤ人社会の迫害を始めた。オーストリア併合で、ヒトラーはドイツの心臓に刺さった矢じり（ズデーテンラント）を西、北、南三方から囲み込んだ。ヒトラーの次の狙いは、このチェコスロバキアに「略奪された」地に暮らすドイツ系住民の救済であった。彼らは約束された自治も与えられていなかった。

地図からも容易にわかることだが、ヒトラーの目指すドイツ国民「生存圏」拡大のための東方侵出を阻む位置にあるのがチェコスロバキアだった。そのうえ、チェコスロバキアはソビエトと相互援助条約（一九三五年）を結び友好関係にあった。「生存圏拡大構想」実現の大きな障害だった。ヒトラーがオーストリア併合に続いてチェコスロバキアの解体に進むのは、『我が闘争』に書かれた内容を知るものにとっては当然に予測できた。

チェコスロバキア解体に触れる前に、ウィンストン・チャーチルの当時の動きにそろそろ触れておかなくてはならない。チャーチルは、一九二九年六月の労働党政権の成立以来政権中枢から遠ざかっていた。彼は反ヒトラー、反ナチスを標榜することで再び政治の表舞台に戻った（後述）。従って意地悪な表現をすれば、ヒトラー政権が生まれなければチャーチルは文章がうまいだけの一介の政治家で一生を終わるはずだった。歴史修正主義の立場に立つハミルトン・フィッシュ元下院議員は、「チャーチルとルーズベルトがいなかったほうが世界は平和だったたろう」[1]と述べている。筆者も同じ見解である。チャーチルの復権はヒトラーの東進外交と反ユダヤ政策とパラレルに進んだ。従ってこのあたりでチャーチルの行動を少しばかり時計の針を戻して分析しておきたい。

チャーチルは一九二九年六月の選挙での保守党敗戦を受けて、大蔵大臣（保守党スタンリー・ボールドウィン内閣）の座を降りた。彼には父方母方双方から巨額の遺産があった。しかし信託口座に管理され彼自身で自由になるお金は必ずしも多くなかった。それでも愛妻クレメンタイン（米国人）をヨーロッパ貴族階級と交遊させ、大きな邸も持った。ギャンブルも好きで、フランスに出かけるたびにカジノで遊んだ。残された記録からほとんど負けてばかりだったことがわかる。トレードマークとなる葉巻も日に一二本吸っていた。月に一三ポンド（現在価値一六〇〇ドル）を煙にしていた。[2]

収入不足を補う手段が執筆活動であった。この頃は第一次世界大戦を扱ったシリーズものの『世界の危機（World Crisis）』や父ランドルフ（元大蔵大臣）の評伝を書いていた。戦記の執筆には公的立場を利用して一般にはアクセスできない公文書を使うこともあり、上司の眉を顰めさせていた。

「作家チャーチル」にとってはアメリカ市場も重要であった。一九二九年八月、著書のプロモーションとアメリカ事情の視察の旅に出た。大蔵大臣の職から離れただけに気楽と言えば気楽ではあった。大西洋はカナダ太平洋汽船の「エンプレスオブオーストラリア」号で渡った。カナダ各地での講演を条件にした同社オーナーによる招待の旅だった。この頃カナダ西部は石油ブームに沸いていた。高く聳える油井櫓に感激したチャーチルはたちまち新興石油探索会社への投資を決めた。西海岸のバンクーバーに到着した時点ではまだ払い込みも終えていない株が六〇〇〇ポンド（現在価値四二万ドル）の利益を出していた。

バンクーバーからシアトルにフェリーで移動した。そこからは鉄道で南下し、サンフランシスコを経由してサンシメオンの村を訪れた（九月末）。太平洋を一望する丘の上に建つ新聞王ウィリアム・ハーストの別邸に招かれたのである。他にも招待客がいた。その一人、ウィリアム・ヴァン・アントワープ（証券ブローカー）も株式投資を勧めた。精錬所株とデパート株を買い増した。

チャーチルのニューヨーク到着は一〇月初めのことであった。サボイ＝プラザホテルの宿泊費は、バーナード・バルークが負担した。第一次世界大戦期にチャーチルは軍需大臣であった。この時イギリスからの受注を一手に引き受けたのがバルークだった。ニューヨークでもチャーチルは投資を止めていない。一部はバルークのブローカーを通して売買した。

そして運命の「暗黒の木曜日」（一九二九年一〇月二四日）がやってきた。この日、ニューヨーク株式市場が大きく下落した。世界恐慌の始まりだった。その後の暴落を読み切れていなかったバルークはチャーチルにナンピン買い（同一銘柄の買い増し）を勧めた。結局アメリカ滞在中にチャーチルの被った損失は七万五〇〇〇ドル（現在価値一〇〇万ドル）を超えた。バルークは自らも損を出していたが、自身のブローカーを通じたチャーチルの損失七二〇〇ドル（現在価値一〇万ドル）を補塡した。[3]

チャーチルは常に銀行からの借金に追われていた。常に目いっぱいの借り入れをしていただけに、時に遺産の信託口座を預かる法律事務所と交渉し、規定以上の引き出しもしなくてはならなかった。好きな葉巻もいつも「つけ」による購入でお金が入った時の清算だった。

注

（1）フィッシュ前掲書、二六三頁。
（2）David Lough, No More Champagne : Churchill and His Money, Picador, 2015, p91.
（3）同右、p194.

第四節　チャーチルの策謀　その二　頼まれたドイツ批判

一九三五年一一月、イギリス総選挙があった。保守党が勝利し、ボールドウィンが首相の座に返り咲いた。しかしチャーチルには入閣の声はかからなかった。ボールドウィン首相は保守党有力者から、「チャーチルの思想は時代遅れだ」として登用に反対する声を聞いていたからだった(1)。時代遅れと言う意味は、彼のベルサイユ体制固定化の思想であり、国際聯盟を使ってその旧態依然とした体制を固持しようとする態度を指していた。チャーチルは、ボールドウィンやハリファックスらの政治家が感じていたベルサイユ体制の不正義に鈍感であった。その体制を修正しようとする勢力はおしなべて悪とみなした。第一次世界大戦時、参戦に反対だった閣内の意見を強硬論でまとめ上げた好戦的な政治家であっただけに、あの戦いの結果として成立したベルサイユ体制に思い入れがあったのかも知れない。

チャーチルの強烈な人種差別意識も警戒されていた。後にチャーチルの主治医となるモラン卿（チャールズ・ウィルソン：一九四〇年五月から主治医）は、「チャーチルは物事の判断を肌の色の違いだけでする(2)」とあきれていることからもそれがわかる。チャーチルの好戦的な態度と強い人種差別意識は、ドイツへの不正義を反省しその恨みを鎮めるには宥和的対独外交が必要だと考える保守党主流派に嫌われた。

「チャーチルは、ボールドウィンはけっして彼を閣内には入れないだろうと結論付けると、思う存分に政府批判を始めた(3)」

ヒトラー・ドイツへの批判に、彼の進める反ユダヤ政策は好都合だった。チャーチルは褐色、黄色、黒色の人種は嫌っていたが、ユダヤ人には同情的だった。チャーチル家は父ランドルフの時代からロスチャイルド家と深い交流がありユダヤ系の友人は多かった。父ランドルフは英国ロスチャイルド家のネイサン・ロスチャイルドと懇意であり、チャーチルが一九歳の時トリングの町（注：ロンドンの北およそ五〇キロメートルに位置し、現在はロスチャイルド歴史科学博物館がある）にあるロスチャイルド邸に連れて行ったことがある。チャーチルが陸軍入隊試験に不合格となった場合、ロスチャイルドのコネクションでビジネスの世界での仕事を紹介してもらうためであった(4)。

先に書いたチャーチルの株取引の損失を補塡したバーナード・バルークもアメリカ生まれのユダヤ人であった。

一九三五年九月一六日、マンチェスター・ガーディアン紙がドイツで制定されたニュールンベルク法の条文を掲載した。この法律は、ユダヤ人とドイツ人の結婚を禁じていた。ユダヤ人がドイツ人女性を家政婦に雇うことも禁じていた。ガーディアン紙は、この法律がユダヤ人からドイツ市民権を剝奪することを目指していると結論付けていた[5]。

この報道のおよそ一月後（総選挙の二〇日ほど前の一〇月二四日）、チャーチルは議会でドイツの再軍備を激しく批判した。ドイツでは子供たちに兵士教育をほどこしているほどだと詰った。これにドイツは反発した。ナチス機関紙は次のように書いた。

「チャーチル氏は口を開くたびにドイツを批判する。彼はイギリスでも最大級の破廉恥政治家だ。彼はアメリカのユダヤ人富豪バーナード・バルークと親密である。だからこそ未だに少しは残っている自身の影響力と権威をフルに使って、イギリス外交を反ドイツに変質させようとしている。こんな男を次の政権では入閣させようとしているのである[6]」

ドイツのチャーチルへの反発はエリック・フィップス卿（駐ベルリン大使）から本省に報告された。結局先述のようにボールドウィン内閣でチャーチルは登用されなかった。それだけに存分に政権の対独宥和外交を批判できる自由な立場となった。オーストリア併合に対してもチャーチルは政権主流派への敵意を剝き出しにした。ドイツ軍がオーストリアに侵入した翌日の議会では、「英国はヒトラーに抵抗するかあるいは屈服するかの岐路に立っている」と、挑発的に演説した。[7]三月二四日の議会演説では、あの戦争で休戦を乞うた敗者がいま世界の支配者の道を堂々と歩んでいるとドイツを刺激した。[8]

この時期のチャーチルはお金に困っていた。議会演説の激しさとは裏腹に、危機的といってよい状況だった。重ねた借金が膨らんでいながら、返済にあてる資金が尽きた。米国株投資の損失から依然として回復できないでいた。株ブローカーからは一万八〇〇〇ポンドの払い込みを迫られていた。この金額は現在価値で一二〇万ドルに相当する。チャーチルはチャートウェルの自宅を売りに出していたが買い手は見つかっていなかった。

彼は何としても自己破産を避けねばならなかった。これまで何度も資金の融通で頼りにしてきた親友ブレンダン・ブラッケンに相談した。（ブラッケンは後のチャーチル政権では情報相〔一九四一年―四五年〕に任用された。）一九三八年三月一八日夜、チャーチルはブラッケンと自己破産回避の策を練った。ブラッケンはエコノミスト誌共同経営者のヘンリー・ストラコシュに借金の肩代わりを依頼することを考えた。[9]ストラコシュは、オーストリア生まれのユダヤ人で、南アフリカの金鉱山で財をなした富豪であった（注：ストラコシュをユダヤ人でないと主張する論文もある。[10]）ストラコシュは借金の肩代わりを了承するだけでなく、その事実を秘密にすることにも同意した。[11]これを機に、ストラコシュはチャーチルの反ヒトラー演説のための情報を提供し続けた。ストラコシュはチャーチルの自己破産を救った五年後に没した〔一九四三年〕。ストラコシュは血縁ではないチャーチルに遺産の一部二万ポンド（現在価値一三〇万ドル）を与えると遺言に書いた。ユダヤ人迫害を始めたドイツとの戦いを承知したチャーチルへの感謝の証であった。

注

（1）（2）Johann Hari, Not his finest hour : The dark side of Winston Churchill, Independent, October 27, 2010.
（3）Lough 前掲書、p242.
（4）Martin Gilbert, Churchill and the Jews : A Lifelong Friendship, Emblem, 2007, p2.
（5）同右、p106.
（6）同右、p103.
（7）（8）Lough 前掲書、p262.
（9）同右、pp262-263.
（10）Arthur R. Butz, Sir Henry Strakosch "a Jew"? http://vho.org/tr/2003/4/Butz412-415.html
（11）Lough 前掲書、p264.

第五節　チェコスロバキア解体　その一　ズデーテンラント併合

既に書いたようにチェコスロバキアは人工の国であり、その成立にはチェコ人指導者の強欲がかかわっていた。一九一九年のベルサイユ条約では外務大臣のエドヴァルド・ベネシュの強い主張でドイツ系三二五万がチェコスロバキアの中に囲い込まれた。「ウィルソンの民族自決原則に対する見事なほどの裏切りだった[1]」のである。なぜ三〇〇万を超えるドイツ民族をチェコスロバキアの支配に組み込んだのかと聞かれたウッドロー・ウィルソンは、「トマーシュ・マサリクはそんなこと（国内に多くのドイツ系が存在すること）を教えてくれなかった」と答えている。ウィルソンの民族自決の主張はヨーロッパの複雑な民族分布を踏まえない教条的な主張であったことがよくわかる。英国の左翼系ジャーナリスト、H・N・ブレイルスフォードでさえも、ベルサイユ条約の最大の過ちは三〇〇万のドイツ人をチェコ人の下に閉じ込めたことであると批難したほどだった[2]。

チェコスロバキア政府は人口の二五％に相当するドイツ系、あるいはそれに匹敵するスロバク系やマジャール系（ハンガリー系）が議会で発言権を持つことを防ぐために、選挙区割りをチェコ人有利に変更した。典型的なゲリマンダーの手法で、チェコ人に有利な議会運営を図った。「五〇〇万を超えるドイツ系やマジャール系などの民族は国会で一つの議席も持てなかった。彼らの要求はことごとくチェコ系によって無視された。憲法に関わる全ての基本法、公用語規定、社会改革政策、土地改革などが国会で決まっていったが、ドイツ系やマジャール系の声が反映されることはなかった[3]」のである。

チェコスロバキアの民族分布[4]

チェコ系　六五〇万

ドイツ系	三二五万
スロバク系	三〇〇万
ハンガリー系	七〇万
ウクライナ系	五〇万
ポーランド系	六万

一九二〇年から三八年にかけて、少数派となった民族は国際聯盟に請願を繰り返した。一九三八年に入ると西部ズデーテンラントのドイツ系住民はドイツへの編入に向けて実力行使に出た。もし住民投票が実施されたら八割がその主張を是としただろうと言われている。[5]

九月一二日から一三日には、オーストリア併合を成し遂げたヒトラーが、ズデーテンラントのナチス党指導者コンラッド・ヘンラインに蜂起を促し、ドイツとの併合を主張させた。チェコスロバキア政府は戒厳令の施行で対抗した。一触即発の状況をみた英国ネヴィル・チェンバレン首相はドイツに飛びベルヒテスガーデンでのヒトラーとの会談に臨んだ（九月一五日）。チェンバレンはチェコスロバキア政府との事前交渉なしで、ドイツ系住民が五割を超える地域についてはドイツ編入を容認する、フランスにもそれを納得させると約束した。

九月二二日、チェンバレンはドイツの町バド・ゴーデスベルク（ボン近郊ライン川西岸の町）に戻り英仏は九月一五日の約束を承認したと伝えた。しかしヒトラーはハードルを上げた。ズデーテンラント全域の併合を要求したのである。チェンバレンはこれを拒否したものの戦争を恐れた。イギリス国民が何も知らない遠い国の揉め事で再び戦争に巻き込まれる恐怖だった。

一九三八年三月、フランスはドイツの潜在敵国であるチェコスロバキアにヒトラーが領土要求する場合には支援する約束をしていた。フランスは英国にも参加を求めたがチェンバレンは拒否していた（三月二四日）。チェンバレンは、確かに介入の保証はしなかったものの、仮にズデーテンラント併合問題でドイツとフランスが戦えば、再びその紛争に巻き込まれる可能性を懸念していた。チェンバレンは、ドイツの恨みの正当性とチェコスロバキアの稚拙な統治についての疑問があっただけに何とか外交的落としどころを見つけなくてはならないと考えた。

バド・ゴーデスベルクでの交渉が始まってからの各国の動きは目まぐるしかった[6]。ヒトラーの新たな要求（九月二二日夜）を受けたチェンバレンは態度を硬化させた。チェンバレンはチェコスロバキアにドイツの侵攻に備えて軍を動員するようアドバイスした。翌日の午後一〇時半、チェコスロバキア政府は動員を決定した。（九月三〇日までの動員兵力は一〇〇万を超えた。）二五日には、フランスも続いて軍の一部に動員をかけた。ヒトラーとチェンバレンの出口の見えない交渉は二三日も夜を徹して行われた。日付も変わった二四日午前一時半交渉は打ち切られた。ヒトラーがその要求を文書にし、それをチェンバレンがチェコスロバキア政府に伝える。それだけが決まった。

ヒトラーの要求をまとめた文書は「ゴーデスベルク覚書」と言われる。その中にはズデーテンラントを九月二八日までにドイツに割譲する、ドイツはチェコスロバキアとの直接交渉はしない、第三者の国際委員会のような組織が割譲の管理にあたることを認めないなどの条件が書かれていた。更にドイツの要求が容れられない場合は一〇月一日までに軍事侵攻を開始するとしていた。つまり実質のチェコスロバキアに対する最後通牒であり、回答期限は九月二八日午後二時とされた。従って本来であればヒトラーの提示した文書は「ゴーデスベルク最後通牒」と呼ばれるはずであった。しかしチェンバレンはこれを最後通牒としないように要求した。ヒトラーがそれを容れた結果、「覚書」とすることで落ち着いた。

英仏両国は覚書の内容を拒否した。二六日、ヒトラーはチェコスロバキアとの戦いはいつ始まってもおかしくないと仄めかし、チェコスロバキア、フランス両国の動員に動じた所を見せなかった。翌二七日、ベルリンからチェコスロバキア国境に向かう軍の行進があった。それを見ていたヒトラーは、国民の反応が冷めたものであることに気付いた。市民は戦地に向かう兵士を歓声で見送っていなかった。これを見たヒトラーは、「まだ国民は戦う覚悟が出来ていないな」と呟いた。暫くしてヒトラーは、チェンバレンへのメッセージを書き上げた。そこには「平和的解決の努力を続けて欲しい」とあった(7)。

二八日には英国は海軍には臨戦態勢に入ることを命じ、チェンバレンは議会での演説に臨んだ。「何も知らない遠い国を巡る紛争にもかかわらず、我々はまた塹壕を掘りガスマスクをつけなくてはならないかもしれない」と交渉の失敗を報告していた。ヒトラーの、メッセージが届けられたのはこの演説の最中であった。そのメモを読んだチェンバレンの驚きと喜びはひとしおだった。

「『ヒトラー総統が動員まで二四時間の猶予を決めた。私とムッソリーニ首相、ダラディエ首相とミュンヘンで協議することを提案した』と説明した[8]」

ヒトラーは最後の協議に当事国のチェコスロバキアを招かなかった。三〇日、四ケ国交渉においてチェコスロバキアの意志とは無関係にズデーテンラント併合が容認された。

これが世界史の教科書にはただ単に一言で「ミュンヘン協定」として説明される事件である。しかし、ここに書いたように、ドイツ、チェコスロバキア、そして英仏も臨戦態勢にあり、ヨーロッパ各国は、再び戦いが始まることに怯えていたのである。だれもが先の大戦の恐怖を鮮明に記憶している時期だった。再び戦いたいと思うものはどこにもいなかったのである。

「ミュンヘン協定」を戦後の史書は宥和政策の失敗だと説く。チェンバレンがこの時点でヒトラーとの戦いを決意していればその後のヒトラー（ナチスドイツ）の増長はなかったと説く。しかし、これは当時の世相をまったく斟酌しないあまりにも単純な解釈である。

イギリスの歴史教育のサイト[9]では、チェンバレンが「対独宥和」の代名詞とされてしまったミュンヘン協定を結んだ背景に下記の六点を挙げている。まっとうな指摘である。

一　英国民はチェコスロバキアの領土を巡って参戦することに同意しなかっただろうこと
二　ヒトラーの要求の多くが正当であると思われていたこと
三　チェンバレンは、ドイツがロシア共産主義の防波堤になるためにはそれなりの強国になる必要があると考えていたこと
四　英国陸軍は戦う準備が出来ていなかったこと
五　ヒトラーは（ドイツ経済を成長させていただけに）多くの人々がヒトラーに良い意味で驚嘆していたこと（一九三八年のタイム誌は彼を「Man of The Year」に選出していた）
六　チェンバレンは先の大戦の悲惨さが身にしみていたこと

当時のヒトラーあるいはナチスドイツあるいはそれに対峙した各国の外交を解釈するためには、同時代人の目を通して見なくてはならない。まだホロコーストの起きていない段階でのナチスドイツあるいはヒトラーに対する解釈は、その後に起きた事件を知っている現代人の見方とは大きく異なっている。

注
（1）（2）Buchanan 前掲書、p213.
（3）同右、p214.

(4) Jeffrey Record, Appeasement Reconsidered : Investigating the Mythology of the 1930s, Strategic Studies Institute, August, 2005, p15.
(5) Buchanan 前掲書、p215.
(6) 九月二二日以降の動きについては下記サイトに依った。http://www.digplanet.com/wiki/Godesberg_Memorandum
(7) Buchanan 前掲書、p234.
(8) 同右、pp234-235.
(9) http://www.bbc.co.uk/schools/gcsebitesize/history/mwh/ir1/chamberlainandappeasementrev3.shtml

第六節　チェコスロバキア解体　その二　ミュンヘン協定を喜ぶ国民とチャーチルの反発

チェンバレンは合意が成るとヒトラーと二人きりで秘密会談に臨み、英独友好を謳う書面に署名した。そこには次のように書かれていた。

「ドイツ総統（宰相）および英国首相は昨晩署名された協定（ミュンヘン協定）と、（既に一九三五年に結ばれている）英独海軍協定こそが両国は二度と戦うことはないという証《あかし》であると認めた(1)」

秘密会談を終えるとチェンバレンはすぐに帰国した。彼は戦争を回避した喜びに溢れていた。

ヘストン空港（ロンドンの西にあった飛行場）に降り立ったチェンバレンは、自身が「世紀の平和文書（Peace in our time）」と呼ぶ上記書面を、待ち構える人々に振ってみせた。その内容を示しながらの演説を終えるとバッキンガム宮殿に向かった。

「ジョージ六世直々の要請で、空港からバッキンガム宮殿に向かうことになった。『私から直接祝福の言葉をかけたい。ミュンヘンでの交渉の成功を祝いたい』。これが国王の言葉だった。（中略）宮殿までの道のりはわずか九マイル（一四キロメートル）ほどだったが歓迎に出た市民で溢れ、一時間半もかかった(2)」

「ミュンヘン協定」やチェンバレン首相個人を現代の歴史家がどれほど低く評価しようとも、同時代人はチェンバレン外交の成果を心の底から喜んでいた。国民は対独戦争が回避できた安堵感に素直に浸り、首相の努力に感謝した。

苦虫を嚙み潰したのはチャーチルであった。この歓迎からわずか五日後の一〇月五日、「われわれの完敗である」との言葉で始まるチェンバレン批判を議会でぶった。これをナンシー・アスター議員（英国初の女性議員）が「ナンセンス」と野次った(3)。チャーチルは意に介せず次のように続けた。

「何もかもが終わった。チェコスロバキアは捨てられた、バラバラにされた。暗黒の世界に突き落とされた[4]」

彼はこの言葉に続けて、得意のレトリックを駆使して、チェンバレン外交は弱腰であると詰ったが、その言葉のどこにも戦いを避けるべきだとする国民の気持ちへの慮りはなかった。チェンバレンら対独宥和派の感じていたベルサイユ条約の不正義への罪悪感や、ボルシェビキ思想拡散への警戒もチャーチルは一切持ち合わせていなかった。アスター議員がチャーチルを野次ったのは彼の鈍感さに対する憤りの現れであった。自身を登用しなかった保守党首脳への怒りだけで外交を政争の具にしているととられても仕方がなかった。

チャーチルの好戦的性格を嫌悪する歴史家パトリック・ブキャナンはチャーチル演説の「ナンセンス」さを冷静に分析している。彼は、当時のチェンバレンが仮に「ミュンヘン協定」を結べず（結ばず）戦争になった場合、英国に勝利の見込みはなかったしズデーテンラントの併合を止めることはけっしてできなかった、と断じている。英国にはドイツに派遣する陸軍はなかった。フランス国民もチェコスロバキアのために血を流す気にはなれないでいた。ズデーテンラントはオーストリア併合で南北と西側の三方からドイツに囲いこまれていた。その上、容易に第五列となる三〇〇万を超えるドイツ系住民がそこにいた。このような状況でイギリスができることといえば、優越する海軍を使って再び港湾を封鎖するぐらいのものであった。要するに英国の意思に関わりなく、英国はズデーテンラント併合を防ぐ軍事力を持っていなかった。

こんな状況で、ズデーテンラントを防衛するために、チャーチルはスターリンとの同盟構想を唱えた。(5) スターリンの恐怖政治に敏感であったヨーロッパ諸国、特にソビエトに隣接する国々の感情など全く考慮していなかった。政敵のパージ、ウクライナに対する非道な食糧政策が惹起した大飢饉（ホロドモール）。その実態は既に明らかになっていた。「国境を接する国々の指導者が、ヒトラーかスターリンのどちらかを選べと言われたらヒトラーを選んでいたに違いない(6)」状況だった。当時のスターリンの犠牲者はすでに一〇〇〇万単位であったがヒトラーの犠牲者は数百人に過ぎなかった。(7)

たしかにチャーチルの言う通り、チェコスロバキア救援能力のある陸軍を保持していたのはソビエトだけであった。しかし、ソビエトを警戒する隣国が、チェコスロバキア救援に向かう赤軍の通過を認めるはずもなかった。ひとたび赤軍を領土内に入れたらそのまま駐留することがわかっていた。「東欧中欧諸国はドイツのズデーテンラント併合の方が、ロシアがチェコスロバキア救援に入った場合の恐怖に比べたらよほどましだと考えた(8)」のである。

チャーチルのこの時期のスターリンに対する鈍感さを指摘するのは歴史修正主義の歴史家だけである。結局、チャーチル自身がソビエトロシアの怖さを身をもって知るのは一九四四年まで待たなくてはならなかった。(9) その時にはロシアの東欧支配の野望を抑制する力を持つ国はどこにもなかったのである。

注

（1）Buchanan 前掲書、p204.
（2）同右、p206.
（3）（4）同右、p209.
（5）同右、p229.
（6）（7）同右、p230.
（8）（9）同右、p231.

第七節　ヒトラーの対ポーランド交渉　ポーランドの強気

ヒトラーはミュンヘン協定交渉でズデーテンラント併合がドイツ最後の要求であるとチェンバレンらの指導者に説明した。それだけに、ポーランドとの領土問題解決に当たっては慎重の上にも慎重でなくてはならなかった。英国の対独宥和派政治家との交渉を通じて、イギリスはダンツィヒおよびポーランド回廊問題についてはベルサイユ条約の不正義の典型であると理解し、ドイツに同情的であることはわかっていた。従ってポーランドとの領土回復交渉は二国間の円満な合意によって解決し、他国の横やりが入らない形にすれば、たとえミュンヘンでの「最後の要求」との言葉が嘘であったとしても容認される可能性があった。

ドイツ国民には、ダンツィヒとポーランド回廊奪還を願う強い気持ちがあった。この問題についてはヒトラーよりも国民の方が強硬だった。[1] 現実に、ダンツィヒに住む三五万のドイツ系住民はドイツへの帰属を求める行動を活発化させていた。これは同市の人口の九五％に匹敵する数字だった。ドイツとダンツィヒを分断するポーランド回廊にもドイツへの復帰を求める一五〇万のドイツ系住民がいた。ヒトラーはそうした同胞を放置したまま東方に進むことは内政上出来なかった。一方で自身のミュンヘンでの約束が足かせになっていた。このジレンマを解決するにはダンツィヒ・ポーランド回廊問題はなんとしても話し合いで解決するしかなかった。つまりポーランドに対しては宥和外交に徹するしかなかったのである。

その姿勢がまず示されたのはズデーテンラント併合がなったおよそ三週間後のことであった（一〇月二四日）。ヨアヒム・フォン・リッベントロップ外相が、ポーランド駐独大使ヨーゼフ・リプスキに次のように提案した。

「ダンツィヒのドイツ返還を容認し、同市へのアクセスルートとなる道路及び鉄道をポーランド回廊内に敷設することに同意して欲しい。その代わり、ダンツィヒの経済インフラストラクチャーおよび鉄道施設についてはポーランドがこのまま管理権限をもっても構わない。（注：ダンツィヒは自由都市で国際聯盟保護下に置かれ、実質的な経済運営はポーランドが担っていた。）現行のポーランド国境についてはそれを認める」[2]というものであった。さらにリッベントロップは、この問題が解決でき次第、モスクワに対抗する独ポ反共同盟を結びたいとも述べた。[3]

リッベントロップもヒトラーもこの提案をポーランドが容認するはずだとの自信があった。ポーランドは、バルト海に面する新港湾施設をグディニャに建設していた。[4]グディニャの港湾施設が完成すればダンツィヒ港の相対的重要性も低下するはずだった。ポーランドは、ダンツィヒ市民の九五％がドイツ系である現実をわかっていたからこそグディニャ新港の建設を進めているのに違いなかった。

さらにポーランドはズデーテンラント併合の混乱に乗じて、ミュンヘン協定のわずか二日後（一〇月二日）、チェコスロバキアに侵攻しチェシンを奪っていた。炭鉱のある町だった。このことはポーランド自らベルサイユ条約体制による国境線引きを変えても構わないと考えていることの証左だった。

また当時の独ポ関係は敵対的とは言えずむしろ良好であった。一九三四年一月には期限一〇年の独ポ不可侵条約を締結していた。この頃のポーランド外交は三九歳の若き政治家ユゼフ・ベック（外相）が仕切っていた。ヒトラーはこの人物を現実主義に立つ有能な外交家だとみなしていた。[5] リッベントロップの提案はベックに伝えられた。ヒトラーやリッベントロップは、十分にポーランドの立場を理解した提案だと考えていただけに、ポーランドからは前向きの回答を期待した。ところが返ってきた答えは「ノー」であった。

ポーランドは赤軍の攻撃からワルシャワを守り切った（一九二〇年）自信があった。その後も外交を通じて既に大国に成長したとの強烈な自負があった。歴史家A・J・P・テイラーは次のように書いている。

「彼ら（ポーランド）が一九一八年に独立できたのはロシアとドイツがともに敗れたからであった。それが次第に（一九三九年になって、安全保障上）どちらかの国と提携しなくてはならない状況になっていた。ところが彼らはそのどちらの国との提携も拒否したのである。ダンツィヒ問題だけがドイツとの提携の障害だった。だからこそヒトラーはその障害を取り除こうとした。しかしベック外相はその障害をそのままにすることを選択した。ベックはその判断がポーランドを死に導くことになるとは思いもしなかった[6]」

ヒトラーはチェンバレンとの約束上、ダンツィヒ・ポーランド回廊問題は何としても二国間外交交渉で決着させなければならなかった。年が明けた一九三九年一月五日、ヒトラーはベック外相をベルヒテスガーデンに招き直接交渉に臨んだ。チェコスロバキアのシュシニクを呼びつけた時とは対照的にヒトラーの態度は温和だった。ダンツィヒ返還後もポーランドが同市の経済的支配を続けても構わないと述べた。良港ダンツィヒを確保し続けたいと考えるポーランド政治家の思いに配慮したものだった。一方で、ダンツィヒとポーランド回廊を失ったことでドイツ本土と切り離された東プロシアのドイツ国民の苦悩を訴えた。これを援護射撃するように、同席したリッベントロップ外相は、将来ポーランドがチェコスロバキアからの独立を望むスロバキアをポーランド領土に組み込んでも構わないと暗に認める発言までしていた。ヒトラーはポーランド領土そのものの保全（現行国境の確認）についても保証した。英国の歴史家バジル・リデル・ハートが、ヒトラーの要求は、「驚くほど穏健なものであった」と書いているほどである[7]。それでもベックはドイツの提案を全て拒否した。こうしてヒトラーが期待するダンツィヒ・ポーランド回廊問題の外交的処理は暗礁に乗り上げた。

多くの読者が釈明史観に基づく歴史書を読んでいる。そうした書は、ヒトラーが、この時期にはポーランドに好条件を提示しダンツィヒ帰属問題の外交的決着を強く望んでいたことを書かない。これを書いてしまうと、ヒトラーのナチスドイツは当初から全ヨーロッパ支配を入念な計画に沿って企む極悪国だった、連合国に潰されるべき国であった、という主張が崩れるからである。

その後にポーランドが辿った運命を知る者にとっては、ヒトラーの一九三九年のオファーを受けておけばこの国の運命は大きく変わったと考える。戦後のポーランドがソビエトの軛から逃れたのは、この傲慢でかつ愚かな決断から六〇年後のことであった（一九八九年）。ポーランドの愚かさをハミルトン・フィッシュは次のように書いている。

「ユゼフ・ピウスツキ元帥はポーランドの歴史上でも傑出した政治家であり国民的英雄であった。ポーランドが危機にある時にはすでに亡くなっていた（訳注：一九三五年、肝臓がんで死去）。もし彼が存命であれば、ダンツィヒを交換条件にしたポーランド独立の保証をドイツから取り付けていたに違いない。もちろんピウスツキがナチスドイツに肩入れしていたなどと言うつもりはない。彼はソビエトロシアの本質をよくわかっていた。共産主義を嫌っていた。その彼が世を去っていたことはポーランド国民にとっては不幸なことだった。ピウスツキは優れた軍人であり、ヒトラーでさえ一目置いただろうと思える人物であった。

私はポーランドから逃れてきた多くの人々の話を聞いた。みな口をそろえて私と同じことを言っていた。ピウスツキが生きていたらダンツィヒ問題は平和的に解決されていたはずだと嘆いていた。そうなっていれば、ポーランド侵攻もなく、大戦もなく、共産主義者によって一万二千ものポーランド士官らが虐殺（ソビエト赤軍によるポーランド士官虐殺事件〔カチンの森虐殺事件〕）されることもなかった。戦後、ポーランドが共産化することもなかったのである[8]」

注

（1）（2）（3）（4） Buchanan 前掲書、p242.
（5） 同右、p243.
（6） 同右、p244. A. J. P. Taylor, The Origins of the Second World War, Second Edition, Simon & Schuster, 1969, p213.
（7） Buchanan 前掲書、p245.
（8） ハミルトン前掲書、一六七―一六八頁。

第八節　チェコスロバキアの自壊

既に書いたようにチェコスロバキアは多民族の人工国家であった。多民族国家がその統一を維持するには二つの方法がある。一つは異なる民族に徹底的に自由な発言を許し、ガス抜きをしながら国民としての緩やかな統合を図るやり方である。この方式をとったのは二重帝国と揶揄され国家としてのまとまりの悪さを指摘され続けたオーストリア・ハンガリー帝国だった。国会の議論でもハンガリー系はマジャール語で自由に意見を述べ、ドイツ語しか理解できない議員は、のんびりと意味の分からない演説を聞いていた。帝国としてのまとまりは、威厳を保ちながら国民の敬愛を受けていた啓蒙君主皇帝フランツ・ヨーゼフ一世が担っていた。王室を持つ国の強みであった。

人工国家チェコスロバキアにはそのような「贅沢な」伝統はなかった。大統領制（共和制）となり、相対的多数派（チェコ系）による少数派を抑えつける強権政治となった。国民にタガをはめ厳しく抑えつける国家運営である。しかし、ミュンヘン協定でドイツ系住民はその強い縛りから逃がれドイツ（ヒトラー）の懐に入っていった。他の相対的少数民族がその後を追うのは必定だった。

ハンガリーもチェコスロバキアに領土を奪取された恨みがあっただけにミュンヘン協定後直ぐに動いた。ルテニア地方の町コシス（現スロバキア）を取った。この動きはドイツが容認していた。ただしルテニア地方全体の奪取はヒトラーが許さなかった(1)。先述のようにポーランドもチェシンを取っていた。周辺諸国からのチェコスロバキア侵食はたちまちにして始まっていたのである。少数民族の圧力を軽減するためチェコスロバキアは、スロバキア（スロバク系）、カルパチア・ルテニア（マジャール系・ウクライナ系）の自治を認めた。チェコスロバキア大統領には国際法学者エミール・ハーハが就いた[2]（一九三八年一一月三〇日）。

年が明けて三月に入ると少数民族の動きは俄然激しくなった。三月七日、ハーハ大統領は独立を主張するルテニア自治政府を解散させた。一〇日には同じく独立を主張するスロバキア自治政府の首相ヨーゼフ・チソを解任すると、スロバキアの首都ブラスチラヴァを占領した。チソは、ウィーンに脱出し、ドイツに保護を求めた。チソがヒトラーと会談したのは三月一三日のことである。翌一四日、スロバキアはチェコスロバキアからの独立を宣言した。ルテニアもこれに続いて独立を宣言した。ハンガリーはヒトラーの容認を受けて、ルテニアに侵攻した。しかし、スロバキア領土には入らなかった。ヒトラーに止められていたからであった。こうしてチェコスロバキアから少数民族が離れていった。人工国家が崩壊したのである。三月初め、ジョージ・ケナンはルテニアを訪問していた。彼は、経済的にも政治的にもこの地方はハンガリーに帰属することが自然であると報告していた[3]。彼の見立て通りにチェコスロバキアは自壊していったのである。

ハーハ大統領はチェコ人が多数派のボヘミア、モラビアの将来を考えねばならなかった。彼はミュンヘンに飛びヒトラーとの交渉に臨んだ（三月一四日）。一八七二年生れの彼は六〇代の半ばであった。娘が付き添っていた。ベルリン駅に到着したハーハをリッベントロップ外相が花束を持って待っていた。ヒトラーからはチョコレートが届けられた(4)。

　ハーハ大統領とヒトラーの交渉が始まったのは日付もかわった一五日午前一時のことである。ヒトラーとの厳しい交渉は三時間続いた。ヒトラーは、ハーハにドイツの保護を求めることを説いた。厳しいヒトラーの物言いにハーハの心臓が音《ね》を上げた。軽い心臓発作が起きた。それを付き添っていたドイツの医師が救った。午前四時少し前、ハーハはチェコ民族とその国家をヒトラードイツの保護下に委ねる書面に署名した。この日、ヒトラーはプラハに入った。チェコスロバキアは自壊した。ベルサイユ条約の不条理が生んだ人工国家の終焉であった。

図 11　プラハに入ったヒトラー（1939 年 3 月 15 日）

注

（1）Buchanan 前掲書、p246.
（2）Emil Hacha. https://www.hrad.cz/en/president-of-the-cr/former-presidents/emil-hacha
（3）Buchanan 前掲書、pp246–247.
（4）同右、p247.

第九節　チェンバレン、世紀の愚策　その一　ポーランド独立保障

チェコスロバキアの自壊を促す工作をヒトラーが行っていたことは確かだった。しかし、人工国家チェコスロバキアの解体は工作の結果と言うよりも、落ち着くところに落ち着いたと解釈する方が実態に近い。そのことは、ケナンがルテニアはハンガリーに帰属することが自然であると書いていることからもわかる。チェコスロバキアの解体は「自壊」でありそれは時間の問題にすぎなかった。釈明史観の史書が書くような、ヒトラーの全ヨーロッパ支配計画の一里塚でもなんでもなかった。

ところがチェンバレンは、チェコスロバキアの「自壊」にパニックを起こしてしまう。彼にはパニックに陥るような理由はまるでなかった。人工国家チェコスロバキアの運命は自然の流れに従っていただけであり、世界の政治家の多くはそのように見做していた。ミュンヘン協定が、ダイナミックに揺れ動くヨーロッパの動きを永遠に止められるなどと思う知識人は少なかった。それにも関わらずチェンバレンは、「ヒトラーに裏切られた」と感じてしまった。なぜそのように反応してしまったのだろうか。多くの歴史家が彼の心理を解き明かそうとする。しかし明快な答えは見つかっていない。

いずれにせよチェンバレンにパニックを起こさせる動きがあったことは確かである。反ドイツあるいは反チェンバレンの勢力が動いたのである。前者の筆頭がルーマニアの駐ロンドン公使ヴィオレル・ティレアであった。三月一六日、彼は英国外務省を訪れ次のように述べた。

（反チェンバレン勢力の動きは後述する。）

「極秘の情報源から得た情報を総合すると、ナチスは（チェコスロバキアに続いて）ハンガリーを侵略し、更にチェコスロバキアを解体したやり方と同様にルーマニアを解体する計画を持っている」[1]

更に公使は、ヒトラーの狙いはルーマニアのプロエシチ油田（Ploesti Oil Field）であるとも付言した。翌一七日には、ティレア公使はハリファックス外相と会談した。公使はルーマニアがナチスに抵抗すれば英国は支援するかと尋ねた。同時に英国から武器購入に充てるための借款の可能性も尋ねている。更に、ティレアはヒトラーに対抗するために、英国・ポーランド・ルーマニアの三国同盟構想を打ち出した。英国政府はこのかなり怪しいルーマニア公使の訴えを信じた[2]。この日、チェンバレンは出身地バーミンガムで演説した。

「これが（ヒトラーの）ヨーロッパの小国に対する最後の侵攻なのか？　次の動きがあるのか？　あるいは武力による世界制覇を狙っているのだろうか？[3]」

三月二一日、チェンバレンは、フランスのジョルジュ・ボネ外相と会談し、ロシア、ポーランドを含めた四ケ国による対ドイツ防衛構想を話し合った。しかしロシアをドイツ同様に恐れるポーランドがこの構想にのるはずもなかった。ポーランドは駐ワルシャワ仏大使に、「ドイツに敗れても我々は自由を失うだけだが、ソビエトに支配されたら我々は魂を失う」と述べ、四ケ国防衛構想を拒否した。(4)

この前日ベルリンでは、リトアニアの外相がリッベントロップ外相とメーメル（現リトアニアのクライペダ：バルト海に面した港湾都市）の返還交渉に臨んでいた。メーメルは、一九二三年にリトアニアが丸腰になっていたドイツから占領した人口一五万の町であった。チェコスロバキアの崩壊をみた市民がドイツへの再びの帰属を求めて気勢を上げていた。三月二二日、ドイツはメーメルを併合した。

ドイツはポーランドと新たな妥協点を求めて交渉を続けていた。三月二五日、ヒトラーは、軍指導者にダンツィヒ・ポーランド回廊問題の解決に武力は使用しない旨の指示を出した。ヒトラーは、武力を使えばポーランドがイギリスの懐に飛び込むことがわかっていた。(5) しかしこの翌日独ポ交渉は再び決裂した。

三月二九日、ベルリン駐在の若手英国人記者イアン・コルヴァン（ニュース・クロニクル紙）が、ロンドンに戻り、ヒトラー政権上層部からもたらされた極秘情報とされるポーランド侵攻計画を微に入り細に入りチェンバレン政権に伝えた。これはルーマニア公使の言葉同様に虚報であったが、チェンバレンらはこれを信じた。コルヴァンとの会見を終えたチェンバレンは、

「この時点で我々はポーランドの防衛を決めた」と書き残している。[6] このイアン・コルヴァンという人物には注意が必要である。「(彼は) ドイツ参謀本部内の反ヒトラー派の軍人と英諜報部とのコンタクト役を務めていた男だった[7]」。

一九三九年三月三一日、チェンバレンは議会で演説した。歴史修正主義の歴史家が英国の歴史上最も愚かで、第二次世界大戦の勃発を確実にしたと言われる演説である。つまり日本の視点からすれば、真の意味で日米戦争のボタンを押した演説でもある。なぜならヨーロッパで大戦が起きなければ日米戦争は起きようがなかったからである。彼の演説は以下のようなものであった。

「私はいま議会に対して説明しなくてはならない。もしポーランドの独立を脅かす行為があり、そしてそれをポーランド政府が国家生存のために武力で抵抗するのであれば、わが政府は、ポーランドが必要とするいかなる支援も厭わないと決めた。政府はこの決意をポーランド政府に既に伝えたところである[8]」

これは戦略的思考の出来る英国人を驚かせた。演説を聞いていた議員も驚愕した。その一人ロバート・ブースビー議員は、「我が国最悪の狂気の沙汰だ」と憤った。[9] 対ドイツ宥和派のロイド・ジョージの憤りも激しかった。この（ポーランドへの全面支援の）約束で、ヒトラーの行動を牽制できる、というチェンバレンの言葉を聞くと、ロイド・ジョージは怒りを通り越して笑い出してしまうほどであったと述べている。「もしわが軍の将軍たちがこれを承認していたとすれば、彼らはすべて気が違っている」とも言った[10]。

この約束は、少しでも常識があれば気づくことだが、英国の運命をポーランド政治家の決断に委ねたことに他ならなかった。イギリスがこれまで取ってきた外交はベルサイユ体制の不正義を理解し、ドイツの恨みに敏感で、その不正義の解消は「武力を伴わない方法であれば」進めて構わないというものだった。ヒトラーにとって、ダンツィヒ・ポーランド回廊問題は、ベルサイユ体制の不正義是正の最終案件であった。だからこそ英国の態度を慮り軍事行動を自制し、あくまでポーランドとの外交的妥結を目論んだ。しかし、ポーランド独立保障で何もかもが崩れた。歴史家バジル・リデル・ハートは、チェンバレンの唐突な外交方針の一八〇度の転換がもたらすドミノ効果の行方を憂え、「強情なポーランド政治家をますます頑なにし、ヒトラーに外交上の体裁を取った上での妥協さえも出来なくしてしまった」と嘆いた[11]。

ダフ・クーパーは反チェンバレンの急先鋒であり、ミュンヘン協定調印後、抗議の意味を含めて、海軍大臣職を辞した政治家であった。その彼でさえポーランド独立保障宣言に驚いた。

「我が国歴史上初めて、我が国が戦争するかしないかの判断を小国に預けてしまった[12]」

当時アメリカ国内で、ヨーロッパ情勢の悪化を憂え、何とか再びの戦いが起きないよう願っていたハーバート・フーバー元大統領もチェンバレンの方針変換とそれに追随するフランスの外交に呆れている。

「ヒトラーが東進したければさせるというのがこれまでの考え方だったはずではなかったか。現実的に英仏両国がヒトラーのポーランド侵攻を止められるはずがない。これではロシアに向かうスチームローラー車（ドイツ軍）の前に、潰してくださいと自ら身を投げるようなものではないか(13)」

注

（1） Buchanan 前掲書、p252.
（2）（3）（4） 同右、p253.
（5）（6） 同右、p254.
（7） Clare Colvin, Ian Colvin. http://clarecolvin.com/ian-colvin/
（8）（9）（10） Buchanan 前掲書、p255.
（11）（12） 同右、p256.
（13） Hoover 前掲書、pxxvi.

第一〇節　チェンバレン、世紀の愚策　その二　チェンバレンの動機、チャーチルの好戦性

対独宥和外交を支持してきたロイド・ジョージらは当然ながら、対独強硬派のクーパーまでも驚かせたポーランド独立保障決定にはいかなる動機が潜んでいたのであろうか。歴史修正主義の立場に立つ歴史家はその謎を解き明かさなければならないと考える。こうした歴史家は、第二次世界大戦のきっかけ（原因）は、ミュンヘン協定（対独宥和外交）ではなく、チェンバレンのこの唐突な「ポーランド独立保障」宣言にあると考えるからである。ハーバート・フーバー元大統領は、当時友人に宛てた手紙（一九三九年五月）の中でチェンバレンの深層心理や彼を取り巻く環境に鑑みて以下の三つの動機が考えられるとしている。

一、チェンバレンは、自身を過度な宥和主義者ではないとアピールしたかった。
二、英仏両国によるドイツに対する虚勢を張った外交ブラフ（虚仮脅し）だった。
三、アメリカが英仏を支援するという期待があった。

この三点のうち第二の理由（虚仮脅し）については、その愚かさは同時代の政治家がたちまちに見抜いたと前節に書いた。第三点のアメリカの支援期待については重要であるので後述する。本節では第一の理由、つまり宥和主義者と非難されたくなかったのではないかという疑念について考察したい。

チェンバレンが気にしていたのはやはりチャーチルであった。既述のように彼は執拗にナチスドイツを攻撃していた。彼の物言いには、どこにもベルサイユ体制の不正義に対する自省の感情は見られなかったし、共産主義に対する警戒の念もない。ひたすらヒトラーは危険である、従って英国は軍備（特に航空戦力）増強が必要だと国民に訴えていた。第一次世界大戦期のドイツを貶めるイギリスのプロパガンダは、国民に強いドイツ嫌いの感情を植え付けていた。英国民の中には、ただただドイツ警戒を叫ぶチャーチルの声を心地よくきくものも多かった。政権中枢から遠ざけられている恨みの感情がチャーチルの声を弾ませていた。しかし声高に反ヒトラーを訴え、軍事力増強を叫べば叫ぶほど、保守党首脳は彼を遠ざけた。当時の状況は、「チェンバレンや閣僚はチャーチルが政府中枢に戻るのを嫌う一方で、英国世論はチャーチルの返り咲きを求めていた[1]」と表現できよう。対独強硬派のシンボルと見なされる政治家チャーチルの下に、反ヒトラー勢力が集まった。彼の復権を願い、英国外交を対独強硬外交に舵を切らせたい勢力のチャーチル推しのプロパガンダが始まった。その好例がイラストを多用した雑誌ピクチャー・ポストのチャーチル特集だった。同誌は一九三九年二月から三月にかけてチャーチルの閣僚登用を要求するキャンペーンを張った[2]。同誌の編集長はハンガリー系ユダヤ人のステファン・ロラント（一九〇一年生れ）だった。ロラントは反ユダヤ人の空気の充満するハンガリーからドイツに逃れ、イラストを多用する体裁の雑誌編集のパイオニアだった。一九三三年にはダッハウ収容所に送られ六ケ月収監された。その経験を英文で書いた『私はヒトラーの囚人だった』[3]（一九三五年）は、ナチスによる反ユダヤ政策を具体的に英国で広めた最初の書であった。

反チェンバレン、反ヒトラーを標榜する保守党内の中心的存在であったチャーチルは反ナチスドイツの勢力にとっては担ぎ出すにはまたとない人材であった。チャーチルの友人にはユダヤ系が多かった。ナチス政権下で苦しむユダヤ系への同情心は人一倍であった。同時にユダヤ人問題は自身の復権の好材料だった。ピクチャー・ポスト誌の二ケ月にわたる特集記事は、世論のチャーチルを見る眼を大きく変えた。二月二五日発売のピクチャー・ポスト誌には、反ナチス聯盟メンバーのヘンリー・W・スティード（元タイムズ紙編集長）が、「これから（チャーチルに）訪れるだろうもっとも輝く時（The greatest moment of his life is yet to come）」なる論文を寄稿した。[4]

保守党主流派がチャーチルを避ける理由にはもう一つあった。一九三六年のことだが、時のエドワード八世が、米国人ウォリス・シンプソンと恋に落ちた。所謂「王冠をかけた恋」である。離婚歴がありかつ人妻であるシンプソン夫人との「色恋沙汰」に国民は不快感を示した。時の首相ボールドウィンも同様であった。この時チャーチルは、国王を擁護した。それがチャーチルの評判を落としていた。しかしピクチャー・ポスト誌の記事は、対独外交にチャーチルの知識と経験を活かすべきだとする世論の形成、つまりチャーチル人気の復活に一役買ったのである。

図 12　チャーチル邸（チャートウェル）で語り合うチャーチルとロラント
（1939 年 2 月 25 日の雑誌発売の少し前の撮影と思われる）

反ナチスドイツのグループは、チャートウェルのチャーチル邸によく集った。チャー中には反ヒトラーのドイツ政府高官もいた。彼らにとっては危険な行動だった。[5]訪問者の中にデズモンド・モートン（英国陸軍退役軍人）なる人物がいた。彼はドイツの再軍備に関わる極秘情報を持っていた。モートンがもたらした情報はチャーチルの議会での質問や演説に役立った。チャーチルが如何にして情報をえたか英国政府は訝ったが、その出所を突き止めることは出来なかった。[6]

モートンは、英国外務省関連組織である海外産業情報センターに所属する秘密エージェントだった。モートンがチャーチルにもたらした情報はドイツの経済や再軍備の状況を正確に反映しておらず過大評価ばかりだった[7]。しかし、彼のもたらしたもっともらしい情報をチャーチルは政権批判に利用した。チャーチルの権力欲、チャーチルを利用したいユダヤ人勢力、そして英国内のドイツ強硬派の思惑。これらが見事なまでの化学反応を起こしてチェンバレンを悩ませていたのである。

チェンバレンは「弱腰対独外交」と罵られることが嫌だった。だからこそチェコスロバキア情勢に必要以上に過敏になっていた。ポーランド問題では弱腰と詰られたくない。そういう気持ちになっていた。チャーチルは、多くの知識人がイギリス外交最悪の失態とするポーランド独立保障声明を歓迎した。しかし、チャーチルはその歓迎のスピーチの中でも、チェンバレン批判を忘れてはいない。チャーチルの狡猾な性格を如実に示すスピーチであった。

「政府は、ポーランドに独立の保障を与えた。それを聞いて私は驚いた。この決定自体には賛成である。しかしこの保障を与える前に何かあったのか。（ロイド・ジョージ議員の）一〇日前の質問にあったように、そして私が今日疑念を呈するように、この保障が発せられる前に参謀本部と協議したのかということである。この質問への回答は未だなされていない。このような保障をすることが（我が国の安全保障を）脅かすものではないか、あるいはそのような保障は本当に合理的な判断なのか、つまり保障を実行する手立てを持っているのかということである。国民はこうした疑問が政府に投げかけられている事実を知っている。そして、それに対して政

府は何も答えていないことも知っている」[8]（一九三九年五月一九日議会演説、傍点筆者）

注

（1）（2）Gilbert 前掲書、p155.
（3）Stefan Lorant, Niura Lorant, I was Hitler's Prisoner : A Diary, G. P. Putnam's Sons, 1935.
（4）Gilbert 前掲書、p156.
（5）（6）Mary S. Lovell, The Churchills : In Love and War, Norton, 2011, p404.
（7）Max Hastings, The Secret War : Spies, Ciphers, and the Guerillas 1939–1945, William Collins, 2015, p13.
（8）Hoover 前掲書、p129.

第一一節　チェンバレン、世紀の愚策　その三　ルーズベルトとブリット（米駐仏大使）の暗躍

ＦＤＲの政治家としての最大の問題点は、ヨーロッパでもアジアでも火花が散りいつ本格的な戦争が始まってもおかしくない状況を前にして、その強力な国力（潜在的軍事力）を背景にした仲介を忌避したことである。小さな火種を大火に煽り延焼を狙う。そのような外交を進めた。対日外交でそのやり方が露骨さを増すのは一九四一年に入ってからであったが、対ヨーロッパ外交ではＦＤＲの好戦的な外交は一九三八年から三九年にかけて既に進められていた。

ＦＤＲの戦いを煽る外交をヨーロッパで担ったのは彼の意を受けたウィリアム・ブリット駐仏大使だった。一九四四年から四七年まで海軍長官を務めたジェイムズ・フォレスタルが次の

ように記録しブリットの動きを批判している。(1)

「私（フォレスタル）は（ケネディ）駐英大使に、一九三八年以来、ルーズベルトとネヴィル・チェンバレンの間で交わされた会話の中身を尋ねたことがある。大使は次のように分析していた。一九三八年当時のチェンバレンの考えは、ヨーロッパの戦いにイギリスは関与しない、ヒトラーとの戦いに干渉するようなリスクは冒さないとしていた。イギリスとドイツは、何らかの（直接の）紛争がないかぎり戦うことはなかった。ブリット米駐仏大使が、一九三九年の夏、ポーランド問題ではドイツを絶対に阻止しなくてはならない、と主張した。これがなければヒトラーは、ロシアと戦っていたはずだった」

ブリット駐仏大使は一九三九年一月一四日、一時帰国していたワシントンでポーランド駐米大使イェジ・ポトツキ伯爵と会談した。この会談はＦＤＲの指示によるものだった。ブリット大使は、ドイツとの戦争という事態になれば、アメリカは英仏の側に立って能動的に干渉する準備ができていると語った。(2)これだけで、ＦＤＲはヨーロッパの和平を維持する仲介者ではなく、それを乱す当事者になることを望んでいたことがわかる。ブリット大使が何を語ったかの詳細は、ポトツキ大使の本省への報告（一月一六日付）でよくわかる。

「ブリットとの会話を通じて、ヨーロッパ危機に対するアメリカの対応については、ルーズベルトの指令で、すでにはっきりと決まっているようだ。彼はその考えをフランス外務省に伝えるとのことである。他のヨーロッパ諸国にも同様の考えを伝えるらしい。私はブリット大使とおよそ三〇分間話すことができた。以下がその会話の要点である」

「(私は)ルーズベルト大統領の指示によって、全体主義国家にははっきりとノーの考えを伝える。アメリカ政府は戦争準備を始める。陸海空の軍事力をしだいに強化し、そのために一二億五〇〇〇万ドルを計上する。英仏両国は全体主義国家とはいかなる妥協もしてはならない。それが大統領の意思である。国境を変更するいかなる交渉もしてはならない」

「アメリカは倫理的にも、孤立主義と決別し、万一戦争となった場合、英仏の側に立つ。アメリカはこの目的達成のために資金を投入し、戦争に必要な資源は確保する」[3]

ブリット大使は赴任地のパリに戻ると(一九三九年二月)、ポーランド駐仏大使ユリウシュ・ウカシェヴィチ(Juliusz Lukasiewicz)に対しても、「戦いが始まればアメリカはすぐにでも英仏の側に立って参戦する」と語り、アメリカ(FDR)の決意を伝えた。[4]

FDRはポーランドへの圧力をかけながら同時にチェンバレン政権への工作も進めた。三月一五日、FDRは、英国ハリファックス外相に対して、イギリスがその対独外交方針を変更しなければ、米国世論は反英国に傾くと脅した。[5] FDRは、ドイツから英国大使を引きあげ外交関係を断つことまで要求した。しかし、ハリファックス外相は、「英国民は外交の重要性についてはよくわかっている。アメリカ国民ほど無知ではない」と皮肉交じりに答え大使を召還する愚策はとらなかった[6]。アメリカは一九三八年一一月には駐独大使ヒュー・ウィルソンを召還し、対独外交を麻痺させていた。その愚かな外交にイギリスは追随することを拒否した。

ただハリファックス外相は、ネヴィル・ヘンダーソン駐独大使をロンドンに打ち合わせと称して短期間呼び戻すことには同意した。その上で、チェンバレン首相が、対独外交方針を大きく変える演説を一七日の夜に行うことを約したのである。先に、三月一七日に、チェンバレン首相が故郷のバーミンガムで、「これが（ヒトラーの）ヨーロッパの小国に対する最後の侵攻なのか？　次の動きがあるのか？　あるいは武力による世界制覇を狙っているのだろうか？」と演説したと書いた。これはルーマニア公使の虚偽の情報に基づいてなされたとも書いた。しかし同時に、FDRの意向がハリファックス外相からチェンバレンに伝え

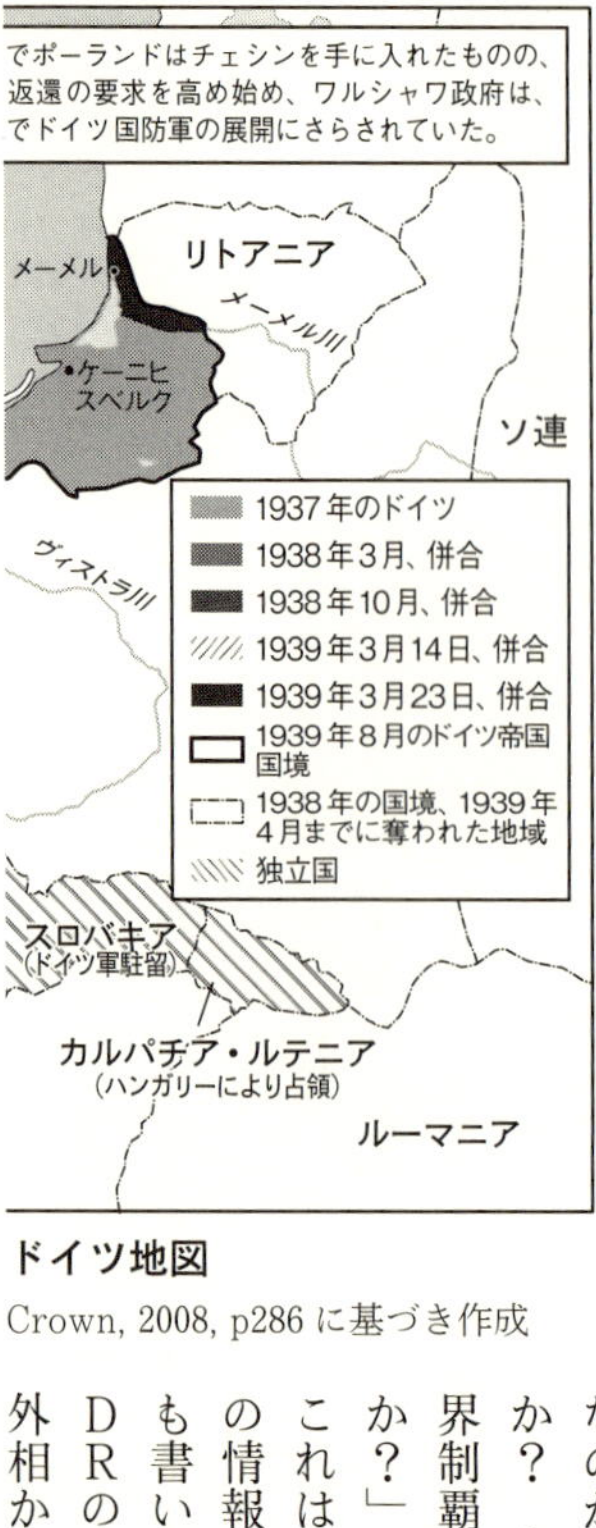

ドイツ地図

Crown, 2008, p286 に基づき作成

図13　1939年3月時点での

Patrick J. Buchanan, Churchill, Hitler, and the Unnecessary War,

られていたからだった。(7) つまり英国の対独宥和外交を変えたのはFDRの意向が強く働いていたのだった。

英国の対独宥和政策は破棄され、強硬策に変わった。釈明主義に立つ歴史家はこの理由をヒトラーの要求がエスカレートしたのが原因だとしか書かない。しかし、英国のチェンバレン首相やハリファックス外相は、ベルサイユ体制の不正義が解消されない限りヨーロッパの和平に安定はないことを知っていたし、ダンツィヒ・ポーランド回廊問題は外交的手続を平和的手段で行えばドイツ領に復させるべきだとも言っていた。英国のそうした意志はヒトラーには明確に伝わっていた。英国の対独外交方針の唐突な転換を、FDRの裏工作やチャーチルらの反独勢力の動きを語ることなく説明するために、チェコスロバキアの解体はヒトラーの世界制覇の野望実現の一里塚だったと説明する。FDRの不審な動きに触れない。しかし、チェコスロバキア解体の実態は、人工国家チェコスロバキアの自壊であった。ヒトラーはその自壊を早めたに過ぎなかった。

この節に書いた内容に関わる資料を米国国務省は公開していない。そのため歴史修正主義に立つ歴史家が外部に存在する資料を蒐集することで、FDR外交の実態に迫ったのである。(FDR政権のこの時期の対ポーランド外交の実態を示す多くの一次資料〔ポーランド政府資料〕はハーバート・フーバー元大統領の設立したフーバー研究所〔スタンフォード大学内〕に収められている。)チェンバレンのポーランド独立保障宣言は天下の愚策だった。しかしその愚策の設計者はFDRだったのである。

注

(1) Hoover 前掲書、p595.
(2) Tansill 前掲書、p451.
(3) Hoover 前掲書、p594.
(4) Tansill 前掲書、p451.

（5）（6）（7）David L. Hoggan, The Forced War : When Peaceful Revision Failed, Institute for Historical Review, 1989, p169.

第一二節　独ソ不可侵条約　その一　ヒトラーの怒りと辛抱

ヒトラーはチェンバレンやハリファックスと直接会っている。彼らはヒトラーの考え方をわかっている。ドイツの恨みの解消に理解を示している。これがヒトラーの理解だった。それだけにチェンバレンの唐突の心変わり（ポーランド独立保障宣言）にショックを受けた。「この宣言はヒトラーの手足を縛っただけではなく、彼の精神のバランスまで崩した」[1]。四月二八日、憤ったヒトラーは独英海軍協定と独ポ不可侵条約の破棄を発表した。

チェンバレンがポーランド独立保障宣言をした三日後（四月三日）、ベック外相はロンドンに飛んだ。ルーマニア公使の情報を信じていたチェンバレンは、ベックに英国の対ルーマニア独立保障宣言に加わることを求めた。チェンバレンはヒトラーがルーマニアの石油地帯を狙っていると確信していた。しかしベックはそれを拒んだ。それに従ってしまえば、ルーマニアと敵対するハンガリーをドイツの懐に飛び込ませることになる、ポーランド国民をルーマニアやその石油を守るために死なせるわけにはいかない。これがベックの答えだった。チェンバレンは、この時に初めて自身のなしたポーランド独立保障宣言に不安を感じた[2]。ポーランドが融通の利かない利己的な外交を進める国であることに気付いたのである。しかしその不安を感じながらも英ポ相互援助条約をそのまま進めてしまった。四月六日、ドイツがポーランドを攻撃した場合、英国は軍事援助すると公式に約した。

英国の軍事力はポーランドをヒトラーの攻撃から守ることはできない。従ってチェンバレンの約束はドイツに対する虚仮脅し以上の価値はない空手形だった。チェンバレンはポーランドには無い袖をふった。かつてのミュンヘン協定ではチェコスロバキアを捨てた（裏切った）。しかし、チェコスロバキアを軍事力で救う力など英国にはなかった。無い袖を振らなかっただけであった。

その意味でチェンバレンは正直だった。「少なくともチェンバレンはチェコ人に対してズデーテンラントのための救援はしない（できない）と本当のことを語った」[3]。チェコスロバキアは英国から捨てられた。ポーランドには英国の助けが入った。しかしその後の両国の運命はあまりに皮肉だった。イギリスに裏切られたはずのチェコスロバキアの首都プラハはあの大戦の戦禍をほとんど受けなかった。一方のワルシャワはその建物のほとんどが破壊された。

「先の大戦（第二次世界大戦）でチェコ人はわずか一〇万人が戦死しただけだった。一方で（英国に救われたはずの）ポーランドは六五〇万が死んでいった。裏切られたチェコが幸せだったのか、それとも救われたポーランドが幸せだったのか（それは言わずもがなではないか）[4]」

（歴史家A・J・P・テイラー）

「四月二八日、憤ったヒトラーは独英海軍協定と独ポ不可侵条約の破棄を発表した」と書いた。しかし、ヒトラーはその後もポーランドとの外交交渉を諦めてはいない。その発表の中にポーランドとの外交交渉を願う言葉を注意深く挟んでいた。「ドイツとポーランドが新しい合意に至るドアはまだ開いている。両国が対等な立場であることを前提に、そのような合意がなることを歓迎したい[5]」と訴えた。

しかし英仏の独立保障を得たベックは強気だった。五月五日の議会演説でドイツとの交渉を拒絶すると言明した。それでもヒトラーは諦めていない。ドイツメディアにも反発させないようにさせた。

「ドイツは英仏両国がポーランドに対して圧力をかけ、交渉再開させるだろうと思っている。ダンツィヒ帰属問題を巡ってヨーロッパが戦争する価値などないことぐらいすぐにわかるだろう。それがドイツの考えである」。これがフランス駐独大使のパリ本省への報告であった[6]。ドイツの落ち着いた対応は伝わっていた。

ネヴィル・ヘンダーソン英駐独大使はポーランドの強気の外交が理解できなかった。彼はFDR政権の裏の外交を知らなかった。チェンバレン首相の側近ホーラス・ウィルソンに次のように書いた。

「私は、ヒトラーが提示した（交渉のベースとなる）条件はフェアだと認めざるを得ない。ポーランドの（あからさまに最初から）ドイツを敵にするやりかた（外交）は、（独立を保証した）同盟国であっても、我が国にとっては極めて危険である。プラハの問題（チェコスロバキア併合）については、たしかにヒトラーを世界が警戒している。しかしダンツィヒ・ポーランド回廊問題についての解釈（是正されるべきということの本質）はプラハ問題があったとしても変わっていない」

「間違っているかもしれないが、私はダンツィヒがドイツに返還されない限り、ヨーロッパに和平は構築できないと思う[7]」

しかしポーランドは対独交渉拒否の姿勢は変わらなかった。英仏両国はポーランドにヒトラーと交渉のテーブルにつけさせるぐらいの圧力はかけることが出来たはずだった。しかし実質何もしなかった。だれもそれを口にしなかった。

注

（1）Buchanan 前掲書、p275.
（2）（3）同右、p280.
（4）同右、p281.
（5）（6）同右、p283.

（7）同右。

第一三節　独ソ不可侵条約　その二　英仏ソ軍事同盟交渉決裂とドイツからの誘惑

ヒトラーの東方への進出をもっとも恐れていたのはイギリスでもフランスでもなくスターリンであった。チェンバレンのポーランド独立保障宣言の翌四月、スターリンは動いた。英仏両国とソビエトによる三国軍事同盟を前向きに検討することを決めた。これ以降三国は同盟締結のための交渉を続けていた。英仏両国がポーランドの対独交渉拒否の姿勢を矯正させようとしなかったのは、ソビエトとの同盟交渉が進んでいたからでもあった。ソビエトとの交渉が継続中である限り、ドイツはポーランドへの強硬姿勢（軍事侵攻）は取れないないし取らないと読んでいた。同盟の政治的条件についての詰めは七月末に終わり、軍事面での条件を詰める作業だけになっていた。最終交渉はモスクワで行われることが決まっていた[1]。

英仏代表団がモスクワに入ったのは八月一一日のことである。代表団は大いに歓迎された。交渉はスプリドノヴカ宮殿で始まった。交渉関係者の士気は高かった。英仏ソ三国同盟が締結されれば、ドイツを牽制できることは確実だった。チェンバレンはソビエトを嫌っていたし警戒していたはずであった。しかし自身のなしたポーランド独立保障宣言で、ポーランドは強気一辺倒になってしまった。ドイツの軍事行動を避けるためには危険なスターリンと手を握らざるを得なくなっていた。

モスクワでの交渉は期待に反して一向に進捗しなかった。ソビエトは英仏両国に対して、万一対独戦争が始まった場合に、ポーランドおよびルーマニア領土を赤軍が自由通行できる保証を求めた。(2) スターリンにすれば当然の要求であった。この二つの国に赤軍を自由に展開できなければ、対独戦争など出来るはずもなかった。(ルーマニアと国境を接するスロバキアにはすでにドイツ軍が駐留していた。) しかしこの要求をポーランドとルーマニアに呑ませることが出来なかった。両国とも赤軍が領土内に入ることを極度に恐れていた。モスクワでの交渉ではこの問題の解決ができなかった。八月二一日、次回の開催日を決めることも出来ず三国の交渉は幕を閉じた。(3)

無期限の延期になったのにはもう一つの理由があった。スターリンは英仏に利用されているのではないかと疑ったからだった。英仏の本当の目的は、スターリンをヒトラー牽制の道具に使っているだけで実はドイツと戦う気はないのではないか、万一ヒトラーとの戦いになった場合、ドイツ軍との戦いは赤軍だけが負わせられるのではないか。こう疑った。スターリンは、ネヴィル・チェンバレンのロシア嫌いを知っていただけにイギリスを信用しきれていなかった。(4)

英仏との交渉を打ち切ったもののスターリンは次の一手に迷っていた。その迷いに見事なほどにつけ込んだのがドイツであった。ドイツは英仏とスターリンの交渉が始まっていることを知っていた。リッベントロップ外相は八月の初めには、駐ベルリンのソビエト代理大使ゲオルゲイ・アスタホフを通じて、独ソ両国が直接交渉すれば、バルト海から黒海までの全ての問題を解決できると誘惑していた[5]。その後も両国の高官は互いの胸の内を探り合う作業（情報収集）を進めていた。スターリンはドイツの誘いに応じる姿勢を見せなかったが拒絶もしていなかった。スターリンのヒトラーへの警戒はチェンバレンに対する以上のものがあった。しかし、英仏の交渉がとん挫すると、スターリンは態度を変えた。

ヒトラーからの電報がスターリンのもとに届いたのは、英仏との交渉が決裂する一日前のことであった（八月二〇日）。この時期にヒトラー自身で認めた電報を発したのは、それまでに十分な情報収集が進められ、その日に届けることが、もっとも効果があると期待されたからだった。この前日（一九日）、リッベントロップ外相とソビエトのヴャチェスラフ・モロトフ外相の間で経済協力協定が締結されていた。ヒトラーの電報にはモスクワから帰国したばかりのリッベントロップ外相を再びモスクワに遣って独ソ不可侵協定を結びたいこと、ポーランドの態度はもはや耐え難いほど硬直的になっていること、従って（ポーランド攻撃の）時機を逸したくないことが書かれていた[6]。スターリンはすぐに応えた。その意志は独駐モスクワ大使シューレンブルク伯に伝えられた。

「書簡を感謝します。ソ独不可侵条約の締結で、両国の政治的関係は良好なものに転化すると考えます。わが国民も両国関係の改善を望んでいます。ソ独不可侵条約に貴国が同意するのであれば、両国間の緊張関係を解消させる基礎が出来ることになります。それが両国の和平と協力関係の構築につながると考えます」

　大使からの報告を受けたヒトラーは側近には何も告げなかった。彼はスターリンのメッセージ原文が届くのを待った。原文はヒトラーの食事中に届いた。その時のヒトラーの様子は次のように記録されている。

「ヒトラーは一瞬宙を見つめ、顔面を硬直させてテーブルをどすんと叩いた。窓ガラスがふるえて音を立てた。『彼らが承知した！　彼らが承知した！』ヒトラーは感激のあまり声をつまらせて叫んだ。数秒後、彼は自制心を取り戻した。あえて質問しようとする者もなく、食事はそのままつづけられた[7]」

　八月二三日、モスクワに再び訪れたリッベントロップ外相はクレムリンに向かった。スターリンが直々に迎えた。条約はこの日のうちに締結された。公開された独ソ不可侵条約は七ケ条あった。それ自体はソビエトが一九二〇年代から三〇年代にかけて各国と締結したものと変わらない。しかしこの条約には秘密協定があった。（これが公になるのは戦後のことである。）秘密協定は、バルト諸国（フィンランド、エストニア、ラトビア）はソビエトの勢力範囲であることを認めていた。ポーランドを独ソで二分割することも決められていた。更にベッサラビアは一九一八年にソビエトから奪われた領土だと認め、ドイツは同地に利権を主張しないことも決まっていた。スターリンもロシア帝国が第一次世界大戦中に「奪われた」領土回復をめざしていたのである。かつてレーニンが膨大な国土を譲り時間を買った（ブレスト・リトフスク条約）。ついにその領土を奪い返す時がやってきたのである。独ソ不可侵条約の本質は、独ソ両国に依る領土喪失の恨み解消の総決算であった。

ヒトラーはこれで安心して対ポーランド強硬外交が可能になった。大陸でドイツ陸軍と唯一対抗できる実力を持つソビエト赤軍との戦いを避けられることになった。二正面作戦を強いられる心配が消えた。万一英仏が独立保障条約通りにポーランドに派兵したとしても、ヒトラーは全く恐れる必要が無くなったのである。

独ソ不可侵条約締結の報を聞いたチェンバレンもフランスのエドゥアール・ダラディエ首相も憤った。二四日のチェンバレンの議会での演説は次のようなものだった。

「今我々は戦争の危機に直面している。独ソの条約が成ったことに驚いたことを、諸君の前で隠そうとは思わない。（ソビエトとは）我々（英仏）も交渉を進めていたのである。ソビエトとの信頼関係を信じていただけに衝撃を受けた。我々と交渉しながら、ソビエトは極秘裏にドイツと交渉していた。実に忌々《いまいま》しいことである」(8)

注

(1) Geoffrey Roberts, Starlin's War : From World War to Cold War, 1939–1953, Yale University Press, 2006, pp30–31.
(2)(3)(4) 同右、p31.
(5)(6) 同右、p32.
(7) ブロック前掲書第2巻、四五五頁。
(8) Hoover 前掲書、p598.

第一四節　ヒトラー最後の対ポーランド外交交渉

釈明史観に基づく歴史書は、独ソ不可侵条約が、英仏が結ぼうとしていたソビエトとの軍事同盟交渉に対する反発として締結されたことについては書かない。チェンバレンのポーランド独立保障宣言が起こしたドミノの最初の動きがポーランドの対独外交姿勢の硬化であった。英仏はポーランドとドイツの戦いの危険性が高まったことに気付いた。その怖れが両国をソビエトに接近させた。チェンバレンは少なくともソビエトとの交渉が継続している限りはヒトラーの動きを止めることができると読んだ。しかし、ヒトラー外交は巧みだった。領土喪失の恨みはスターリンも共有していた。

対ソ外交に勝利したヒトラーはすぐにでも対ポーランド侵攻を開始できた。それでも、ヒトラーはしつこいほどに外交的解決を諦めなかった。ヒトラーはやはり『我が闘争』に書いていたようにイギリスとの戦いを避けたかったのである。一九三九年八月二九日午後七時一五分、ドイツ政府はネヴィル・ヘンダーソン英駐ベルリン大使に覚書を届けた。そこには、イギリス政府が改めてポーランド政府に圧力をかけ対独直接交渉に臨むよう指導して欲しいと書かれていた。ポーランド政府からの特使を八月三〇日にベルリンに来させるようにして欲しいとも書かれていた(1)。

この前日（二八日）、ポーランドのベック外相は、ドイツがダンツィヒに関わる要求および東プロシア問題を今後一切持ち出さないことを明確にしない限り、一切の交渉に応じないとチェンバレンに伝えていた。ポーランド独立保障宣言にイギリスは自縄自縛になっていた。

それでもヘンダーソン英駐独大使は何としてでもドイツとの戦争に自国が引きずり込まれることを避けたかった。ドイツ政府がいまだ外交的解決の可能性を否定していない以上、ポーランドに応えさせるべきだと考えた。二九日深夜、ヘンダーソン大使はリプスキ・ポーランド駐ベルリン大使と会い、すぐにでも特使をベルリンに来させるべきだと説得した。翌三〇日朝、ヘンダーソン大使は再びハリファックス外相に、ドイツ政府は八月三〇日深夜を回答最終期限だとは考えていないこと、交渉の場所もベルリン以外でも可能と考えていることを伝えた(2)。

ヘンダーソン大使が懸命に開戦回避の動きを進める一方で、ハワード・ケナード英駐ワルシャワ大使は全く逆の動きをとった。彼は典型的なドイツ嫌いの人物だった。この時期にはポーランドは対独戦に備えて軍に動員命令を出していた。大使はそれを解除するよう説得することもできたが何もしなかった。ヒトラーの外交交渉要求はあくまでも拒否すべきだともアドバイスした(3)。英国の外交は混乱の極みにあった。ヒトラーもゲーリングもリッベントロップもポーランドからの特使を待った。しかし三〇日にはポーランドが全軍に動員をかけたことを確認した。

イギリスがこの日（三〇日）にようやく動いた。ポーランドに圧力をかけ交渉に応じさせたと伝えてきたのである。交渉開始の条件は動員されているドイツ軍が交渉中はけっしてポーランド国境を越えないというものであった。ドイツ政府はポーランドに早急に全権特使を送るよう要請した。しかしポーランドは全権特使を遣らなかった。駐ベルリン大使にリッベントロップ外相とのコンタクトを命じただけであった(4)。

ドイツは三一日午前中まで待った。前日にはリッベントロップ外相は最後の戦争回避の手段としてドイツがポーランドに求める最終条件を明らかにしていた。ダンツィヒはドイツが併合する。ポーランド回廊地域については住民投票によりポーランドからの分離の是非を決める。同回廊へのアクセスは、ポーランド人およびドイツ人ともに認める、また少数民族の交換も認める。この条件をポーランドが認めれば、軍の動員を解除する、というものであった(5)。ポーランドは、この条件を受け入れることを決めるだけで戦いが回避できた。独ソ両国に不可侵条約が成立している以上、ドイツの要求に応えるのが最善の外交であった。

それでも、ポーランドは動かなかった。全権特使を遣らなかった。ヒトラーが動員をかけていた全軍にポーランド侵攻を命じたのは三一日の午後のことであった。[6]

ドイツ軍侵攻の報を聞いたチャーチルは、直ぐにロンドンのダウニング街一〇番地に向かった。チェンバレンが、彼を閣僚にすることを決めたのである。無任所であった。九月二日も暮れた頃、チェンバレンは議会を招集した。集まった議員らは、チェンバレンの宣戦布告の言葉を待った。しかし、チェンバレンは最後の賭けに出た。数時間前には決まっていた宣戦布告を発しなかった。しかし、ヒトラーとの交渉にもう一度賭けたいと語った。[7]

その夜、チェンバレンはハリファックス卿と二人で夕食をとった。そこに降りしきる雨の中を遣って来た議員たちが濡れたコートも脱がず押し寄せた。対ヒトラー強硬外交を強訴したのである。チェンバレンは諦めた。対独最後通牒を発することを決めた。回答期限は翌三日の午前一一時だった。[8]チェンバレンは確かに愚策を犯した。それでも最後まで迷いながらも外交的解決を試みた。しかし彼にはどうしようもない力が世界を動かし始めていた。

翌朝一一時一五分までチェンバレンは待った。ドイツからの回答はなかった。遂に国民に対ドイツ戦争の始まりをラジオを通じて伝えた。チェンバレンはチャーチルを海軍大臣に任命した。[9]

注

(1)(2)(3) Carolyn Yeager, Hitler's final offer to Poland's Josef Beck. http://carolynyeager.

net/hitlers-final-offer-polands-josef-beck
（4）（5） Hoover 前掲書、p599.
（6） Yeager 前掲論文。
（7）（8）（9） Lough 前掲書、p281.

おわりに

私は可能な限り自身の頭のなかにこびりついた「後知恵」を排除しながら本書を執筆した。「後知恵」とは、ドイツのポーランド侵攻後に起きた事件の記録である。歴史家が、歴史の転換点となる事件の描写をニュートラルに記述することは簡単ではない。不可能と言っても良いだろう。特にナチスドイツやヒトラーを描写する場合はそうである。戦後に明らかになったホロコーストのビジュアルイメージは強烈である。人種抹殺を実行したヒトラーを許せるものではない。ただ、本書でテーマとした第二次世界大戦の根本の原因、それはチェンバレンのポーランド独立保障でありまたあまりにも愚かなポーランド外交なのであるが、それを分析する場合にはホロコーストのことをいったん引き出しの中にしまわなくてはならない。そうしないと、ヒトラーあるいはナチスドイツの当時の外交を冷静に描写することが出来ない。

第二次世界大戦の原因を語るには、当時に起きていた事件あるいは明らかになっていた情報だけをベースにして当事者の思考過程やその行動を語らなくてはならない。従って誤解を恐れず書くなら、当時のナチスドイツは、国家社会主義なる政治経済政策をとることによって、ドイツ経済を再興させた国であった。それは全体主義的であり個人の自由を圧殺してはいたが、ドイツ国民だけでなく併合されたオーストリアまでもその生活水準を向上させていた。ナチスヒトラーのレゾンデートルはベルサイユ条約の不正義の解消であり、その後は東方に進みドイツ民族の生存圏を拡大することであった。こうした事実をベースに歴史を描写しなくてはならない。

当時、ヨーロッパ大陸諸国のほとんどが全体主義的な国家運営をすすめていた。ドイツの犠牲になったと解釈されているポーランドも軍人が権力を握っていた。当時はそのような形でしか経済も運営できず、また治安もままならなかった。ドイツはユダヤ人を差別していたことは事実である。しかしそれは第二次世界大戦の原因ではない。ホロコーストは一九三九年九月の段階ではイギリスにもアメリカにも広く知られていたとは言い難い。ドイツに占領されたポーランドやソビエトで多くのユダヤ人が殺されているらしいという情報が本格的にもたらされたのは一九四一年末から一九四二年初めのことである。それでも戦争にはつきものの殺戮に過ぎないのだろうと見なされていた。[1] ユダヤ人問題はあの戦争の原因ではないことを示している。

現代では多くの人々の心に、この時期にはまだ顕在化していないホロコーストのイメージが染みついている。曇った心のプリズムを通して、ヒトラーやナチスドイツを見てしまう。それがヒトラードイツはアプリオリに悪の国だとする解釈の原因である。しかし本書で書いたように、あの大戦の真の原因はベルサイユ体制の不条理であり、チェンバレンの愚策（ポーランド独立保障）であった。そしてまたポーランドのあまりに頑なな対独外交であった。

戦後の釈明史観に立つ歴史書は、できるだけこの点に触れないように歴史を語る。第二次世界大戦は、多くの犠牲を払って構築したベルサイユ体制と国際聯盟指導による集団的安全保障システムを破壊した全体主義国家（日独伊）の他国への侵略が原因であると書く。本当のことを書いてしまうと、連合国が作り上げた戦後体制の正当性が崩れる。敗戦国を一方的に断罪した二つの戦争法廷（ニューールンベルク、東京）の根拠も失われる。だからこそ歴史修正主義に立つ歴史家は徹底的に嫌われてきた。

本書ではテーマがずれるため書くことは出来なかったことがある。フランクリン・ルーズベルト（ＦＤＲ）の異常なまでの戦争介入の意志である。彼のスピーチはそのほとんどがスピーチライターが準備したものだった。それでも彼の人間性と政治家としての思想を表していることは間違いない。彼のスピーチに特徴的なことは、自国の若者を戦場に遣ることに心の呵責がないことである。アメリカ的民主主義を世界に伝播させるためであれば自国の若者は十字軍の兵士のように宗教的使命感を持って戦えると信じていた。それがはっきりと示されたのは一九三七年の「隔離演説」であることは本書に書いた。ＦＤＲはその演説に激しい国民世論の反発を感じ、その後は発言を穏やかにした。しかし、国民に知られない裏の舞台では、駐仏大使ウィリアム・ブリットを使って、ヨーロッパでの戦いの火種を煽る秘密外交を続けていたのである。ブリットはイギリスやフランス、そしてポーランドに、憲法上出来もしないアメリカの支援を約束し、英仏ポ三国を対独戦争に導いた。ＦＤＲが唯一若者を戦場に遣ることに慎重である素振りを見せたのは、一九四〇年の大統領選挙選の時だけであった。八〇%を超えるヨーロッパの戦争への非介入を訴える世論に阿ねたときである。しかしその約束も三選を果たすとすぐゴミ箱に捨てられた。

ＦＤＲはなぜあれほどヨーロッパの戦いに参入したかったのか。動機は複合的であろうが、ニューディール政策の失敗を隠すために戦争経済を望んだのではないかと言う説が有力である。一九三九年に、ＦＤＲがいかなる裏工作を仕掛けていたかの全貌はわかっていない。公開されていない資料が多いからである。何らかの公開できない事情があるからだ。それが何かは推し量るしかないが、本書を読了された方は、合理的な推論ができるものと思う。

日本の歴史書のほとんどが日本の国内事情や中国満州の状況だけを語ってあの戦争を読み解こうとする。しかしどれほど真剣にそして真摯にその作業に取り組んだとしても、その作業で解き明かせるのは日中戦争の原因だけである。アメリカがヨーロッパの戦いや、日中の戦いに対して非干渉主義の立場をとっていたら、どちらの戦いもヨーロッパと極東の局地戦であった。どちらの戦いでも当事国間で落としどころを見つけていたはずであり、その時にはアメリカは重要な仲介役の役割を果たせたに違いない。

第二次世界大戦の原因、しいて言えば太平洋戦争（大東亜戦争）の原因も、あくまでも旧ドイツ領ダンツィヒとポーランド回廊を巡るドイツ・ポーランドの争いから始まった。チェンバレンがその外交を間違えていなければ、そしてポーランドの指導者に大局を読む外交能力があれば、ヨーロッパの局地戦はヒトラーとスターリンの壮絶な戦いになるはずであった。日本が対ソ戦に参入することはあっても、真珠湾攻撃はありえなかった。日米が戦う必要はどこにもなかった。

繰り返しになるが、あの戦争は何だったかを理解するには一九三九年九月一日のドイツのポーランド侵攻までの経緯を知っておかなくてはならない。これがわかっていれば、釈明主義史観の歴史書が、どんな事件を意図的にスルーしているかが見えてくる。歴史修正主義に立つ歴史家は、どんな事件であっても貪欲にその本質を理解しようとする。何かを隠そうとする動機もない。合理的な歴史理解だけを求めているからである。従って反論にも謙虚に耳を傾ける。

歴史修正主義を主張すれば、現在の学界では排除される。出世や名誉など気にしない学者や研究者によってしか歴史修正主義の書は発表できない。その意味で歴史修正主義は、時の権力にニュートラルな歴史観なのである。

本書が歴史修正主義を理解するための手引書となり、巷に溢れる釈明史観に基づく書を批判的に見る視点を読者が持つことができれば幸いである。

本書執筆にあたっては文藝春秋編集部の前島篤志、西泰志のお二人からの励ましを戴いた。また文藝春秋校閲部には丁寧な校正をしていただいた。この場を借りて篤く感謝したい。

二〇一六年秋　　渡辺惣樹

注

（1） Rafael Medoff, How America First Learned of the Holocaust, the Algemeiner, June 11, 2012. http://www.algemeiner.com/2012/06/11/how-america-first-learned-of-the-holocaust/

ワ 行

ヤ　行

ラ　行

マ　行

ハ　行

タ　行

ナ　行

サ　行

人名索引

ア　行

カ　行

渡辺惣樹（わたなべ そうき）

日米近現代史研究家。
1954年生まれ。静岡県下田市出身。東京大学経済学部卒業。カナダ・バンクーバー在住。英米史料をもとに開国以降の日米関係を新たな視点から研究。著書に『朝鮮開国と日清戦争』『日米衝突の根源 1858-1908』、訳書に『コールダー・ウォー』（マリン・カツサ著）（いずれも草思社）など。

文春新書

1113

戦争《せんそう》を始《はじ》めるのは誰《だれ》か
歴《れき》史《し》修《しゅう》正《せい》主《しゅ》義《ぎ》の真実《しんじつ》

2017年（平成29年）1月20日　第1刷発行

著　者　　渡　辺　惣　樹
発行者　　木　俣　正　剛
発行所　株式会社　文　藝　春　秋

〒102-8008　東京都千代田区紀尾井町3-23
電話（03）3265-1211（代表）

印刷所　　理　想　社
付物印刷　　大　日　本　印　刷
製本所　　大　口　製　本

定価はカバーに表示してあります。
万一、落丁・乱丁の場合は小社製作部宛お送り下さい。
送料小社負担でお取替え致します。

ISBN978-4-16-661113-3

文春新書好評既刊

別宮暖朗
第一次世界大戦はなぜ始まったのか

一九一四年の開戦から百年。「本当は誰もやりたくなかった」戦争は、なぜ行われることになったのか。ドイツの動きを軸に掘り下げる

979

岡崎久彦・北岡伸一・坂本多加雄
日本人の歴史観
黒船来航から集団的自衛権まで

日本の近代は幕末、西洋との出会いに始まる。諸外国への対応を軸に、国家一五〇年の来歴を見直し、危機脱出の航路を示す

1043

エドワード・ルトワック　奥山真司訳
中国《チャイナ》4・0
暴発する中華帝国

中国は今後どうなるのか？　暴発する中国という問題にどう向き合うべきなのか？　切れ味抜群の中国分析。日本オリジナル版

1063

佐藤伸行
ドナルド・トランプ
劇画化するアメリカと世界の悪夢

移民の国で移民排斥を叫ぶ移民三世の大統領候補の本当の目的は何か？　祖先と伝記から、目立てばよい究極のポピュリストの正体に迫る

1089

エマニュエル・トッド　堀茂樹訳
問題は英国ではない、EUなのだ
21世紀の新・国家論

ソ連崩壊から英国のEU離脱まで、数々の「予言」を的中させた歴史家が、その独自の分析の秘訣を明かし、混迷する世界の未来を語る

1093

文藝春秋刊